Les 13 Vertus De L'Homme

13 Leçons De Virilité Inspirées De Benjamin Franklin

Dave Rottman

Table des matières

Introduction

De nos jours, quand les gens entendent le mot « vertu », ils ne pensent généralement pas à la virilité. Être vertueux ou posséder des vertus est perçu comme efféminé, ou comme un aveu de faiblesse. Nous utilisons d'ailleurs ce terme dans le jargon actuel pour décrire la conduite sexuelle des femmes.

Toutefois, la vraie vertu est loin de correspondre à ces clichés. Le mot « vertu » est en fait enraciné dans le terme « virilité ». « Vertu » vient du latin *virtus*, dérivé de *vir*, signifiant « virilité ». Le fameux homme d'État romain et écrivain Cicéron, énuméra en son temps les vertus cardinales que tout homme devait s'efforcer d'atteindre. Elles incluaient la justice, la prudence, le courage et la tempérance. Afin d'être digne d'honneur, un homme romain devait vivre chacune de ces quatre vertus. Lorsque Aristote encourageait les hommes dans l'antiquité à vivre la « vie vertueuse », c'était réellement un appel à la virilité.

Un homme releva le défi d'Aristote de vivre une vie vertueuse et virile avec une ferveur particulière : Benjamin Franklin.

Benjamin Franklin et la poursuite de la vie vertueuse

Benjamin Franklin est une légende américaine. Il inventa à lui seul l'idée de « self-made man », de l'homme se faisant tout seul. Bien que né dans une famille pauvre et n'allant à l'école que durant deux ans, Franklin réussit en tant qu'imprimeur, scientifique, musicien et auteur. J'allais oublié : durant son temps libre, il contribua à créer un pays et servit en tant que diplomate.

La clé du succès de Franklin fut sa ligne de conduite, consistant à toujours s'améliorer et réaliser ses ambitions. En 1726, à l'âge de 20 ans, Benjamin Franklin se fixa son but le plus élevé : atteindre la perfection morale.

La quête de la perfection morale

C'est à cette époque que je conçus le hardi projet d'arriver à la perfection morale. Vivre sans commettre, en aucun temps, aucune faute, maîtriser tout ce qui, soit penchant naturel, soit habitude, tenterait de me faire succomber, tel est le but que je m'étais proposé.
Mémoires de Benjamin Franklin[1]

___

1   Les citations de Benjamin Franklin sont tirées de la traduction

Afin d'atteindre cet objectif, Benjamin Franklin développa un programme d'amélioration personnelle consistant à vivre 13 vertus. Ces vertus étaient les suivantes :

1. **Tempérance** (ou sobriété). Ne mangez pas jusqu'au point d'en être appesanti, ne buvez pas jusqu'à ce que votre tête en soit affectée.

2. **Silence**. Ne parlez que de ce qui peut être utile aux autres ou à vous-même, évitez toute futile conversation.

3. **Ordre**. Que chaque chose chez vous ait sa place, que chacune de vos affaires ait son temps.

4. **Résolution**. Prenez la résolution de faire ce que vous devez, et exécutez ce que vous avez résolu.

5. **Économie**. Ne faites aucune dépense que pour le bien des autres ou pour le vôtre, c'est-à-dire ne gaspillez rien.

6. **Travail**. Ne perdez pas de temps, soyez toujours occupé à quelque chose d'utile. Supprimez tout ce qui n'est pas nécessaire.

7. **Sincérité**. Ne trompez jamais personne ; que vos pensées soient pures et justes, et parlez selon vos pensées.

8. **Justice**. Ne faites jamais de mal à autrui, soit en causant une perte réelle, soit en privant

de F. Lancelot, Bruxelles, 1856 (2e éd., Paris, Librairie centrale, 1866) d'un gain légitime.

9. **Modération**. Évitez les extrêmes, pardonnez les injures, autant que vous pensez qu'elles méritent le pardon.

10. **Propreté**. Ne souffrez rien de malpropre sur votre corps, vos habits ou dans votre habitation.

11. **Tranquillité**. Ne vous laissez pas abattre par des bagatelles, ou par les accidents ordinaires et inévitables de la vie.

12. **Chasteté**. Livrez-vous rarement aux plaisirs de l'amour, n'en usez que pour votre santé, ou pour avoir des descendants, jamais au point de vous abrutir ou de perdre vos forces, et jusqu'à nuire au repos et à la réputation de vous ou des autres.

13. **Humilité**. Imitez Jésus et Socrate.

Afin de garder une trace de son adhésion à ces vertus, Franklin portait sur lui un petit carnet avec des tableaux. Ces tableaux comportaient une colonne pour chaque jour de la semaine et 13 lignes correspondant aux 13 vertus, identifiées par la première lettre de chacune.

FORM OF THE PAGES

	S	M	T	W	T	F	S
Temperance.							
Eat not to Dullness *Drink not to Elevation.*							
T							
S	••	•		•		•	
O	•	•	•		•	•	•
R			•			•	
F		•			•		
I			•				
S							
J							
M							
Cl.							
T							
Ch.							
H							

A la fin de chaque journée, il s'évaluait. Il faisait une marque à côté de chaque vertu qu'il n'avait pas respecté. Le but était de réduire au minimum le nombre de marques, afin d'atteindre une vie dénuée de tout vice.

Il se focalisait sur une vertu par semaine, l'inscrivant en tête du tableau accompagnée d'une courte phrase décrivant sa signification. Après 13 semaines, il avait ainsi parcouru les 13 vertus et recommençait alors le processus.

Quand il commença son programme, il constata qu'il devait faire de nombreuses marques dans son carnet mais avec le temps, il les vit diminuer.

Bien que Benjamin Franklin n'atteignit jamais son but de perfection morale et garda quelques défauts notables (son côté coureur de jupons et son amour de la bière lui posant quelques problèmes avec les vertus de chasteté et de tempérance), il bénéficia tout de même du fait de tendre à cette perfection.

(...) bien que je n'aie jamais atteint la perfection que j'avais tant ambitionnée, et qu'il s'en fallût

même de beaucoup, je fus cependant, grâce à mes efforts, un homme meilleur et plus heureux que je ne l'eusse été, si je n'avais adopté mon plan de conduite.

1. La tempérance

Ne mangez pas jusqu'au point d'en être appesanti, ne buvez pas jusqu'à ce que votre tête en soit affectée.

Y a-t-il de nos jours une idée qui paraisse moins sexy que celle de la tempérance ? Quand Benjamin Franklin commença son programme pour une vie vertueuse, c'est sur cette vertu qu'il décida de se concentrer en premier. La façon dont il décida de classer ses 13 vertus fut délibérée. Il choisit la tempérance parce que :

... elle nous laisse le sang-froid et la lucidité, si nécessaires pour tenir continuellement notre attention en éveil sur les anciennes habitudes et sur les tentations incessantes.

En d'autres termes, atteindre en premier lieu l'auto-discipline dans les domaines de la nourriture et de la consommation de boissons nous permet d'adhérer plus facilement à toutes les autres vertus.

Pourquoi ? La soif et la faim figurent parmi les besoins primaires les plus importants et sont donc les plus difficiles à contrôler. Par conséquent, pour qui cherche à se discipliner, il faut partir des instincts les plus basiques et progresser à partir de là. Un homme doit d'abord contrôler ses pulsions intérieures avant de s'attaquer aux vertus extérieures. Un esprit clair et un corps sain sont des conditions préalables à la poursuite de la vie vertueuse.

Ne mangez pas jusqu'au point d'en être appesanti

Le glouton est davantage un animal qu'un homme.
Honoré de Balzac

Avez-vous déjà remarqué que les premières bouchées d'un bon plat sont les meilleures ? A partir d'un certain point, le goût et le plaisir sont considérablement amoindris.

De nos jours, beaucoup de gens engloutissent la nourriture si vite que leur palais n'a même plus le temps de l'apprécier ni de jouer son rôle de filtre. C'est pourtant en le laissant jouer ce rôle que votre estomac peut vous signaler qu'il est plein et qu'il est temps d'arrêter de manger. Malheureusement, les gens ignorent ce signal et continuent de manger. En conséquence, non seulement le repas devient petit à petit beaucoup moins agréable, mais de plus l'estomac devient vite surchargé.

Vous avez peut-être déjà noté ce fait paradoxal en apparence : les cuisiniers, qui passent tout leur temps devant les fourneaux, sont souvent en bonne forme. L'explication est simple : ces chefs ne mange que ce qu'il y a de meilleur et quand ils passent à table, ils savourent chaque bouchée.

Il y a beaucoup de livres sur les régimes mais la seule chose que vous devez retenir est simple : mangez quand vous avez faim et arrêtez-vous quand vous n'avez plus faim. Ne mangez pas devant la télévision ou en marchant. Asseyez-vous pour apprécier votre bon repas. Savourez chaque bouchée et concentrez-vous sur les saveurs. Quand celles-ci deviennent moins prononcées et que votre estomac est rempli, arrêtez.

Ne buvez pas jusqu'à ce que votre tête en soit affectée

Boire rend les gens bêtes, et les gens sont si bêtes de commencer que ça en devient un crime.
Robert Benchley

Beaucoup de grands hommes dans l'histoire sont connus pour avoir su apprécier un verre ou deux. Certains pensent toutefois qu'il est viril de boire comme s'ils avaient un entonnoir greffé sur la bouche. En réalité, rien n'est moins vertueux que de commencer à tanguer pour finir par tomber ivre mort.

Un homme ne devrait pas chercher à se perdre dans les bons moments. Il lui faut être pleinement présent, à chaque instant. Au cœur de la virilité est la croyance en la responsabilité personnelle mais l'excès de boisson et la responsabilité personnelle sont en désaccord. Un homme ivre ne peut contrôler ses choix à 100 % et si les choses tournent mal, il accusera l'alcool. Un homme véritable sait garder le contrôle en toutes situations.

Les hommes devraient aussi chercher à se débarrasser de toute dépendance. L'alcool peut en causer plusieurs, la plus évidente étant l'alcoolisme pur et simple. Mais le fait de boire fréquemment peut également rendre un homme dépendant de l'alcool pour sa confiance en lui-même. Il croit en avoir besoin pour passer de bons moments. L'alcool devient une béquille. Les vrais hommes ont assez de confiance en eux pour ne pas avoir besoin de consommer du courage en bouteille et sont suffisamment dynamiques pour se créer du bon temps uniquement grâce à leur personnalité et à leur charme.

Robert E. Lee et la tempérance

J'aime le whisky. Je l'ai toujours aimé et c'est

pourquoi je n'en bois jamais.
Robert E. Lee

Robert E. Lee, général de l'armée confédérée pendant la guerre civile américaine, développa la vertu de tempérance. Lee était un maître tacticien militaire. Il termina deuxième de sa promotion à West Point, où il ne démérita jamais. Il réussit à mener la faible armée confédérée dans des combats épiques contre l'Union et gagna plusieurs d'entre eux.

Une partie du succès de Lee en tant que chef militaire peut être attribuée à sa pensée, fruit de son abstinence d'alcool. Évoquant la nécessité d'éviter l'alcool, Lee déclara :

Avez-vous jamais réfléchi au fait que lorsque vous atteignez l'âge adulte, vous pouvez avoir besoin d'un stimulant, mais que si vous êtes habitué à prendre des stimulants trop précocement il vous en faudra beaucoup plus pour obtenir l'effet désiré au moment où vous en aurez besoin ? Il serait préférable qu'un jeune homme ne touche pas aux produits toxiques durant ses années d'étude.

Les hommes ont tendance à abuser de nourriture et d'alcool pour éviter de faire face aux difficultés de la vie, alors que la solution consiste à faire face à ses problèmes, frontalement. Développer votre auto-discipline en modérant votre consommation d'aliments et d'alcool vous donnera la confiance nécessaire pour améliorer d'autres domaines de votre vie.

2. Le silence

Ne parlez que de ce qui peut être utile aux autres ou à vous-même, évitez toute futile conversation.

Clairement, Benjamin Franklin ne se réfère pas à la solitude monastique quand il parle du silence comme d'une vertu. Il a plutôt en tête une capacité à évaluer à quel moment il convient de parler et quels mots employer. Les hommes ont toujours été jugés selon leur manière de s'exprimer. L'époque actuelle présente en outre bien plus de difficultés en ce sens qu'au temps de Franklin.

Par égoïsme ou par simple ignorance, beaucoup d'hommes semblent perdus quand il s'agit de communiquer correctement. Nous allons voir trois domaines dans lesquels les hommes peuvent appliquer la vertu de silence et ce faisant, rendre le monde un peu meilleur pour chacun.

Le téléphone mobile

De nos jours, beaucoup de conversations ont lieu via l'omniprésent téléphone mobile. Tout comme la première guerre mondiale fut particulièrement sanglante du fait que les développements technologiques dans l'artillerie furent plus rapides que ceux de la tactique militaire, l'usage du téléphone mobile est comme un champ de mines parce que les codes liés à son usage ne sont venus qu'après son avènement. Le bon usage du téléphone mobile est un excellent moyen de démontrer que vous êtes un gentleman. Voici quelques règles à suivre quand vous l'utilisez.

- **Ne parlez pas au téléphone quand vous êtes entouré.** Vous souvenez-vous quand, dans votre adolescence, vous vous baladiez avec des amis, riant, hurlant et mettant la musique à fond ? Vous pensiez alors faire partie des gens les plus cools du monde. Puis, à partir de vos 20 ans environ, en voyant de tels énergumènes, vous vous êtes mis à penser « qu'est-ce qu'ils sont bêtes » ! Les choses nous semblent toujours beaucoup plus acceptables quand c'est nous qui les faisons. C'est probablement pour cela que beaucoup de gens tiennent des conversations bruyantes au téléphone, aux propos parfois limites, sans souci pour les gens se trouvant autour d'eux. Quand c'est vous qui êtes au téléphone, pensez à ce genre d'individus et assurez-vous de ne pas être l'un d'entre eux.

- **Ne parlez pas – et ne répondez pas –**

au téléphone quand vous discutez avec quelqu'un. Quand vous êtes en conversation avec une vraie personne, devant vous en chair et en os, oubliez votre téléphone mobile. Il n'y a pas d'exception à cette règle. Si vous étiez à une fête en train de discuter avec un ami et que soudain une tierce personne arrive, arrêteriez-vous subitement la conversation pour donner toute votre attention au nouvel arrivant ? Pensez-y. Si oui, vous êtes un simple instrument au service des autres.

- **N'utilisez pas votre téléphone dans un lieu non propice.** Dans certaines situations, les gens s'attendent à une atmosphère de calme, de respect ou de recueillement. Le téléphone ne doit jamais venir perturber ce genre d'ambiance. Par conséquent, n'utilisez jamais votre téléphone lors de funérailles, de mariages, de cours, dans une église, au cinéma, dans les musées, lors d'un concert, etc. Le simple fait de ne pas couper la sonnerie de votre mobile, sans même parler de répondre, annonce à toutes les personnes présentes que vous considérez que votre conversation est plus importante que ce que veulent vivre les personnes se trouvant autour de vous. C'est le summum de l'arrogance. Certains me répondront qu'un appel peut être très important. Je leur répondrai : comment faisaient les gens dans les années 90 ? Comment se sont-ils débrouillé depuis les débuts de l'humanité ? Nos ancêtres ont malgré tout survécu. Vous pouvez le faire aussi.

Il vaut mieux se taire et être pris pour un fou, que de l'ouvrir et ne laisser aucun doute à ce sujet.
Mark Twain

Le service client

De nos jours, les hommes sont souvent sous pression, stressés, courant après le temps, soumis aux soucis quotidiens. Ces frustrations rejaillissent souvent sur les employés, notamment dans le secteur du service à la personne. Se sentant souvent soumis dans la vie courante, certains voient dans les interactions avec ces employés l'occasion d'être enfin traité comme un roi ou un patron. Voici comment appliquer la vertu de silence dans ces moments-là.

- **Ne passez pas votre colère sur ceux qui ne sont pas responsables de vos problèmes.** Celui qui projette ses frustrations sur son entourage se comporte de façon grossière. C'est le genre de personne qui hurle sur le serveur parce qu'il y a un cheveu dans son assiette, qui malmène le technicien du support informatique parce que son ordinateur a planté, qui s'engueule avec l'employé de la billetterie parce qu'il arrive en retard et que son avion a décollé. Gardez votre indignation pour la vraie cause de vos problèmes, surtout s'il s'agit en fait de vous.

- **Ne parlez pas au téléphone quand quelqu'un est en train de vous servir.** Certaines personnes parlent au téléphone tandis qu'elles passent en caisse par exemple. Elles pensent que la personne derrière la caisse est juste un automate présent pour les servir et qu'elle ne mérite pas d'attention. Elles croient aussi que leur interlocuteur au téléphone ne remarque pas qu'elles ne leur donne pas toute l'attention qu'il mérite. Elles ont tort sur les deux points.

- **Ayez un peu de patience.** En Italie, les gens prennent le temps de dîner parfois pendant des heures tandis que les plats s'enchaînent lentement. Aux États-Unis, les hommes soufflent quand l'entrée met 5 minutes à arriver. On croirait que leur mère vient de mourir quand on leur sert leur hamburger avec le mauvais fromage. Ces hommes pensent que les quelques dollars payés pour leur repas leur octroie le droit de se comporter comme des rois. Tout ce dont ils ont réellement besoin, c'est de changer de perspective.

- **Mettez-vous à la place de l'autre.** Avant de réprimander quelqu'un pour ce que vous jugez être un mauvais service, essayez de vous mettre à sa place. Un serveur met trop de temps à vous servir ? Peut-être a-t-il une douleur ou une gêne, un enfant vient de renverser son soda ou un des employé est malade et il se retrouve surchargé de travail. Peut-être fait-il du mieux qu'il peut. Nous ne pouvons jamais savoir ce qu'il se passe dans la vie des gens. La grincheuse qui prépare votre café vient peut-être de recevoir les papiers du divorce, la caissière mal-aimable a un enfant à l'hôpital. Vous ne connaissez jamais toute l'histoire, alors soyez un peu indulgent.

Ne parlez pas à moins de pouvoir améliorer le silence.

Internet

La beauté d'internet est qu'il permet de faire circuler une communication libre, d'une façon inédite dans l'histoire. Cela signifie également que cette forme de communication n'est pas soumise aux mêmes règles que dans la vie quotidienne. Il suffit de parcourir certains blogs et forums pour constater l'incivilité extrême, voire les propos les plus orduriers. C'est comme s'il y avait une compétition pour savoir qui sera le plus choquant ou le plus caustique. Cette grave forme d'incivilité crée un climat d'hostilité qui entrave le dialogue et le débat productif.

- **Ne dites jamais rien à un étranger sur internet que vous ne diriez à un étranger en personne.** Internet fournit une couverture anonyme derrière laquelle les gens se sentent libres de dire ce qu'ils veulent. Mais les mots que nous écrivons sont nos créations et nous devons les assumer. N'écrivez jamais quelque chose que vous ne seriez pas fier d'assumer publiquement, sous votre vrai nom. Avant de cliquer sur le bouton « Envoyer », que ce soit dans un courriel ou un commentaire sur un blog ou un forum, arrêtez-vous et demandez-vous : « Est-ce que j'utiliserais ces mots si cette personne était debout devant moi ? » Si ce n'est pas le cas, reformulez vos propos. Il suffit de prendre le temps de réfléchir avant de publier quelque chose. Faire simplement cela contribue à augmenter le niveau de civilité sur le net – qui en a grand besoin.

- **N'attaquez pas les gens personnellement.** Sur internet, de manière générale, vous êtes libre d'être en désaccord avec les idées des autres. Mais n'attaquez pas personnellement les personnes qui se trouvent derrière les idées. Beaucoup de commentateurs sur les blogs font des commentaires intéressants mais qui se terminent par une phrase du genre « Vous êtes un idiot ! ». Cela occulte la partie par ailleurs valable de leur argumentaire. L'utilisation d'attaques personnelles n'ajoute rien à la conversation et montre seulement que vous n'avez rien de perspicace ou d'intelligent à offrir.

- **Ne vous contentez pas de « déconstruire ».** Sur internet, la déconstruction se porte très bien. Beaucoup d'internautes consacrent toute leur énergie à détruire chaque idée qu'ils rencontrent. Le cynisme est facile. Ces déconstructeurs chroniques ne font pas le travail – plus difficile il est vrai - de créer quelque chose, ils se contentent de tout critiquer. Qu'un homme ait sauvé un bébé tombé dans une rivière, il se trouvera toujours un commentateur pour faire un commentaire sarcastique. Il n'y a rien de mal à la critique, mais soyez constructif quand vous le faites. Si vous n'avez rien de substantiel à ajouter à une conversation, il est préférable de vous taire.

- **N'usez pas d'une vulgarité excessive.** Rien ne démontre autant une mentalité immature et un manque de classe qu'une vulgarité excessive. Bien qu'un peu de vulgarité soit devenu courant dans une conversation banale, la prolifération de grossièretés sur internet est vraiment excessive. En raison de l'excès de commentaires qui circulent, certains hommes pensent qu'ils doivent « pimenter » les leurs avec un niveau supérieur de vulgarité, afin d'être remarqué. Mais si de tels ajouts sont utiles pour attirer l'attention, ils montrent aussi que vous n'avez manifestement rien de significatif à dire. Avant de publier un commentaire bourré de mots orduriers, essayez de trouver une autre façon, plus respectueuse, de le dire.

3. L'ordre

Que chaque chose chez vous ait sa place, que chacune de vos affaires ait son temps.

Benjamin Franklin choisit l'ordre comme troisième vertu car cela devait lui permettre « de dégager davantage de temps pour ses projets et ses études ». Il comprit que s'il voulait accomplir de grandes choses dans la vie, il devait s'assurer que les petites choses n'interfèrent pas avec ses projets.

Près de trois siècles se sont écoulés depuis que le vieux Ben définit comment vivre parfaitement la vertu de l'ordre. La vie de nombreuses personnes aujourd'hui est beaucoup plus occupée et remplie de distractions que Benjamin Franklin n'aurait jamais pu l'imaginer. Les gens s'efforcent de mettre de l'ordre dans leur vie afin d'avoir la paix et la tranquillité. Toute une industrie s'est développée afin d'aider les gens à faire cela. Livres, blogs, magazines et consultant privés sont là pour vous donner des conseils afin d'éliminer le désordre. Pourtant, malgré toute cette information disponible, les gens ont toujours du mal à vivre cette vertu. Pourquoi ?

Pourquoi il est si difficile de faire son lit chaque jour

C'est une histoire banale. Un homme prend soudainement conscience que sa vie est un vrai fouillis. Son lit n'est jamais fait, des papiers et des magazines traînent un peu partout et du linge sale jonche le sol.

Alors cet homme décide qu'il va mettre de l'ordre dans sa vie. Il décide de faire son lit chaque jour, achète une boite pour ranger tous ses papiers et prend la résolution de mettre son linge sale dans la panière dédiée. Tout se passe comme prévu pendant quelques jours mais très vite tout redevient comme avant. Son appartement commence à ressembler à nouveau à ce qu'il était avant qu'il décide de changer tout ça.

C'est comme s'il était futile de vouloir faire son lit chaque jour et de garder sa vie en ordre. Chaque fois que vous essayez d'organiser les choses, vous combattez une force naturelle qui gouverne tout l'univers : l'entropie.

Pour mieux comprendre ce concept, il nous faut nous tourner quelques instants vers la thermodynamique. Je pense que cette approche scientifique pour comprendre l'ordre aurait plu à Benjamin Franklin. Les plus scientifiques d'entre vous me diront que j'ai oublié tel ou tel aspect, mais mon but ici n'est pas de faire le tour de la question, c'est simplement pour illustrer mon propos.

La première loi de la thermodynamique stipule qu'il y a une quantité fixe d'énergie dans l'univers. L'énergie peut se transformer en une autre énergie mais ne peut jamais être créée ou détruite.

Bien que l'énergie ne puisse être détruite, elle sera inutile si elle ne peut faire bouger les choses. Hélas, la seconde loi de la thermodynamique nous dit que tous les changements dans l'énergie diminuent la somme de l'énergie utile dans l'univers.

Considérez des petits aimants dans une boite. S'ils sont tous alignés dans la même direction, ils peuvent attirer un objet en métal. S'ils ne sont pas alignés dans la même direction, chaque aimant annule l'effet des autres et ils sont donc inutiles. C'est la même chose avec l'énergie, elle est utile quand elle est ordonnée mais quand elle est désordonnée, ses effets s'annulent mutuellement.

L'entropie est la mesure du manque d'ordre dans l'énergie.

En d'autres termes, l'entropie est la mesure du hasard ou de la désorganisation. Et malheureusement, chaque système livré à lui-même tend vers une énergie basse, à l'existence d'une entropie élevée. Tout se meut sur la voie de la moindre résistance. Cela inclut l'univers dans son ensemble. Depuis sa création, l'énergie de l'univers est devenue toujours plus désorganisée et continuera ainsi jusqu'à ce qu'il n'y ait plus d'ordre du tout.

Maintenant vous pouvez mieux comprendre pourquoi il est si difficile de garder votre vie organisée. Vous est-il déjà arrivé de faire tomber un objet au sol et, alors que vous pensez à le ramasser, une force contraire vous pousse à ne pas le faire ? C'est la poussée de l'entropie.

Devenez un maître de l'univers

En comprenant les lois de la thermodynamique, vous pouvez les exploiter à votre avantage et devenir un maître de l'univers.

Certains pourraient se dire ici qu'il est inutile de mettre de l'ordre dans leur vie puisque l'univers finira de toutes façons par se désintégrer. Certes, mais avant de jeter l'éponge, considérez le fait qu'il existe deux façons de surmonter l'entropie. **La première est le hasard, mais un arrangement ordonné apparaissant par**

hasard est pratiquement impossible (vous êtes-vous déjà réveillé dans une chambre toute propre, comme par magie ?).

La deuxième façon de surmonter l'entropie est d'augmenter l'ordre au sein du système. Le problème avec cette solution est qu'en essayant d'ordonner le système, la personne fait un travail et donc la diminution de l'entropie du système est compensée par une forte augmentation de l'entropie de cette personne. Ainsi l'entropie augmente dans son ensemble.

Ici se cache la réponse à la question de savoir pourquoi les essais d'organisation ne fonctionnent jamais. Des centaines de blogs et de livres existent qui vous expliqueront comment vaincre l'encombrement et mettre votre vie en ordre. Beaucoup suggèrent de mettre en place un système élaboré afin de vous garder sur les bons rails. Ces systèmes peuvent fonctionner à merveille pour réduire l'entropie dans votre organisation personnelle **mais vous devez dépenser une grande quantité d'énergie pour les mettre en place et les maintenir ainsi**. Ainsi, tandis que vous diminuez la quantité d'entropie dans un domaine de votre vie, vous l'augmentez en vous-même. C'est pourquoi beaucoup de gens ont tellement de mal à persévérer avec ces systèmes d'organisation complexes. **En fait, la somme totale d'entropie et de désordre *augmente* et la personne jette l'éponge.**

Heureusement, il y a une échappatoire. Reprenons l'exemple des aimants.

Imaginez que vous deviez les déplacer vers une autre boîte afin de les utiliser. Tandis que vous les déplacer, vous pouvez les mettre dans le mauvais sens - l'énergie utile aura alors diminué. Naturellement, plus lentement et plus soigneusement vous faites l'échange, moins d'erreurs vous ferez. Il en est de même de l'énergie - l'entropie dans le système augmente toujours, à moins que le changement soit fait petit à petit.

Ainsi, pour éviter le déséquilibre énergétique causé par l'effort consistant à organiser votre vie en utilisant un système élaboré, vous devez faire le moins de changements possibles. De cette façon, vous n'augmentez pas la quantité d'entropie dans d'autres domaines de votre vie.

Le secret de la maîtrise de l'univers

Mais de tels petits changements peuvent-ils réellement faire une différence ? Oui, ils le peuvent.

Le secret pour apporter de l'ordre dans votre vie et surmonter l'entropie tout en ne l'augmentant que très peu dans d'autres domaines de votre vie est simple : FAITES-LE MAINTENANT. Pas de système, pas de boîtes, pas de fiches. Faites-le maintenant. Dès le saut du lit, regardez autour de vous et faites-le. Dès que vous recevez un courrier, prenez immédiatement des mesures. Dès que vous avez fini de manger, nettoyez la cuisine. Si vous faites tomber une chaussette sur le sol, ramassez-la sans hésitation. Ce n'est pas aussi facile qu'il y paraît car chaque fois qu'un peu de désordre apparaît dans votre vie, vous sentez l'entropie qui vous pousse à l'ignorer. Vous devez vous entraîner à répéter le mantra « à faire maintenant ! » Et le faire malgré cette force.

Si vous ne pouvez pas faire quelque chose dans l'instant, écrivez-le dans un carnet. Il n'est pas nécessaire de développer un système complexe de saisie et de classement. Il suffit de l'écrire pour ne pas oublier.

Mais qu'en est-il des tâches qui nécessitent plusieurs étapes, celles sur lesquelles vous ne pouvez pas agir immédiatement ? Vous y arriverez finalement. Même si elles sont grandes, vous n'oublierez pas de les faire, et vous n'avez pas besoin d'un système pour les faire. En vous créant un cadre de vie, une voiture et un lieu de travail plus organisés, vous créez un environnement dans lequel les tâches plus importantes peuvent s'accomplir beaucoup plus facilement.

Bien avant les livres de développement personnel modernes, des hommes comme Théodore Roosevelt ont accompli des choses étonnantes sans besoin d'un système élaboré. Vous n'en avez pas besoin non plus. Tout ce que vous devez savoir pour devenir un Maître de l'Univers est contenu dans ces trois petits mots : faites-le maintenant.

4. La résolution

Prenez la résolution de faire ce que vous devez, et exécutez ce que vous avez résolu.

Si vous voulez réussir dans la vie, vous devez développer la vertu de la résolution. La résolution est la ferme détermination à accomplir ce que vous avez prévu de faire. Benjamin Franklin inclut la résolution comme quatrième vertu parce qu'il savait qu'elle lui assurerait de travailler sur les neuf autres.

J'ai vu d'innombrables personnes démarrer avec les meilleures intentions pour finalement échouer parce que leur résolution était faible. Mais j'ai aussi vu beaucoup d'autres personnes réussir malgré les obstacles parce que leur détermination à atteindre le succès les portait. Un bon exemple de résolution nous vient du chef militaire macédonien Alexandre le Grand et de son siège à Tyr.

La résolution d'Alexandre le Grand à conquérir Tyr

Alexandre le Grand, l'un des plus grands hommes qui ait jamais vécu, commença au début des années 20 à conquérir l'Empire perse. Dans sa quête pour accomplir cette tâche apparemment impossible, il conquit ville après ville. Parmi celles-ci se trouvait la ville phénicienne de Tyr qui servait de base navale persane. Une victoire à Tyr était une nécessité stratégique pour Alexandre. Le problème était que Tyr était pratiquement inexpugnable. La ville était située sur une île à près de 2 km de la côte libanaise. En outre, la ville était protégée par des murs qui atteignaient 60 mètres de haut à certains endroits et comptaient 45 mètres d'épaisseur.

La conquête d'une telle forteresse semblait impossible à tout le monde, sauf à Alexandre. Brillant, confiant et courageux, Alexandre ne recula jamais devant aucun défi. Il ordonna à ses hommes de commencer à construire une digue vers l'île afin de pouvoir amener les tours de siège près des murs de la ville. La construction commença en janvier 332.

La marine tyrienne tirait des flèches enflammées sur les équipes au travail. Les attaques rendaient la construction presque impossible. Alexandre ne s'arrêta pas. Il plaça deux tours équipées de catapultes sur la digue afin de défendre ses ouvriers des navires qui l'attaquaient. Les Tyriens répliquèrent en remplissant leurs vaisseaux d'une substance hautement inflammable, en les incendiant et en les jetant sur la digue et les tours.

Des mois de dur labeur étaient réduits en flammes. Au lieu d'abandonner, Alexandre ordonna à ses troupes de recommencer, cette fois en rendant la digue encore plus large. Les progrès sur la nouvelle digue se déroulèrent selon le plan et il s'approcha progressivement de l'île.

Alors que la construction de la digue avançait, Alexandre commença à planifier une attaque navale sur la ville. Il mobilisa des navires des territoires nouvellement conquis et commença à bloquer les ports de Tyr. En utilisant des béliers sur ses navires, Alexandre commença alors à tester les murs de la ville pour évaluer leurs faiblesses. Mais les Tyriens avaient placé des blocs de pierre sous l'eau pour gêner les trirèmes. Cela n'empêcha évidemment pas Alexandre. Il apporta des navires avec d'énormes grues pour enlever soigneusement les rochers du chemin.

Un matin à l'aube, en juillet 332, Alexandre prépara ses troupes et ses armes pour un siège bien orchestré. Ses soldats attaquèrent la chaussée et tirèrent des essaims de flèches. Les béliers des navires brisèrent les murs. Des catapultes furent lancées. Une petite brèche fut créée sur le côté sud de l'île et les troupes se précipitèrent. Une fois l'armée macédonienne entrée dans la ville, ils franchirent aisément la garnison et conquirent Tyr l'invincible. Il lui avait fallu neuf mois pour accomplir ce qu'il voulait faire. Il ne douta jamais de réussir.

Développez votre résolution

Devenir une personne plus résolue vous obligera à creuser profondément en vous-même pour trouver la volonté de surmonter tous les obstacles sur votre chemin afin d'atteindre votre objectif. Personne ne peut le faire pour vous. Voici quelques suggestions qui peuvent vous aider à devenir un homme doté d'un courage inébranlable.

- **Décidez de la manière d'agir face à un défi avant d'y être confronté.** Il existe certaines questions morales et éthiques auxquelles vous êtes confronté au cours de votre vie. Ne laissez pas ce genre de décisions importantes être prises dans l'urgence de la situation car il y a dès lors de fortes chances que votre faiblesse l'emporte et que vous choisissiez le choix en apparence le plus facile – et le plus mauvais. Décidez dès maintenant de ce que vous voulez et ne voulez pas faire et vous n'aurez plus jamais à prendre ces décisions à nouveau.

- **Soyez suprêmement confiant.** Juste

avant le siège d'Alexandre sur Tyr, Darius III, roi de Perse, offrit à Alexandre une trêve, une terre et la main de sa fille en mariage. Alexandre refusa l'offre et ordonna à Darius de se référer désormais à Alexandre comme « Seigneur de l'Asie », et non comme un égal. Il ajouta: « Je vous poursuivrai, où que vous soyez. » Ne doutez jamais que vous puissiez accomplir ce que vous vous proposez de faire et ne faites pas de compromis.

- **Notez vos objectifs tous les jours.** En notant vos objectifs chaque jour, vous vous concentrez sur la tâche que vous souhaitez accomplir. Savoir exactement ce que vous voulez accomplir vous motivera pour maintenir ferme votre résolution, même dans les moments difficiles.

- **Changez votre stratégie.** Les gens perdent souvent leur détermination initiale quand ils ne rencontrent pas le succès escompté. Souvent toutefois, l'échec ne provient pas du fait que l'objectif est impossible à atteindre mais parce qu'une mauvaise stratégie est utilisée. Albert Einstein a dit : « La folie, c'est de faire toujours la même chose et de s'attendre à un résultat différent. » Si vous voyez quelque chose qui ne fonctionne pas dans votre vie, changez-le. Vous devez être flexible dans votre quête de réussite. C'est ce qu'a fait Alexandre. Il débuta avec l'idée de la digue mais quand il constata que ce seul élément n'était pas suffisant, il ajouta des catapultes et des navires.

- **Récompensez-vous.** Si la tâche que vous vous proposez d'accomplir est grande, décomposez-la en étapes plus petites et récompensez-vous après chaque accomplissement. Les troupes d'Alexandre étaient célèbres pour être extrêmement loyales envers lui. Il bâtit cette loyauté et maintint une forte résolution chez ses hommes en les reconnaissant et en les récompensant individuellement pour leurs actes courageux dans la bataille. Appliquez ce même principe dans votre propre vie. Après avoir franchi une étape, sortez et offrez-vous quelque chose. Cela n'a pas à être coûteux. Le simple achat de votre magazine préféré ou aller manger un bon hamburger vous récompense pour un travail bien fait et vous motive à continuer.

5. L'économie ou frugalité

Ne faites aucune dépense que pour le bien des autres ou pour le vôtre, c'est-à-dire ne gaspillez rien.

Aux États-Unis, les Américains économisent leur argent au taux le plus bas depuis 73 ans, soit le taux le plus bas depuis la Grande Dépression. Le taux national d'épargne des particuliers était négatif (!) de 1% en 2006. Cela signifie que dans l'ensemble, le pays dépense plus que ce qu'il absorbe.

Avec l'économie en baisse, les Américains devraient commencer à resserrer leur bourse. Mais je prédis qu'à la place, les gens vont simplement faire encore plus de crédit et de dette. Ils se sont habitués à un certain style de vie et veulent continuer à vivre ainsi.

Je regardais dernièrement une émission de télévision dans laquelle une table ronde de gourous de la finance distribuaient des conseils financiers au public. Un des conseillers déclara que les gens devraient abandonner les petits luxes comme le café quotidien pour économiser ou investir cet argent. Une femme dans le public s'est levée et s'est plaint : « Mais que faire si je ne veux pas renoncer à mon café ? » Le public approuva et applaudit.

Les Pères fondateurs craignaient de telles attitudes. Ils craignaient que trop de luxe rendît la nation faible. Ils ont souvent pointé du doigt les Grecs et les Romains comme exemples de ce qui arrive à une nation quand elle laisse sa prospérité s'en aller du fait d'un manque de tempérance et de frugalité. John Adams prêchait souvent contre les « luxes efféminés. » Et bien que riche, Benjamin Franklin vécut une vie relativement simple, faisant un effort pour manger et s'habiller.

Malheureusement, les Américains ont perdu de vue l'importance de la frugalité. Pour la génération de ceux qui ont grandi dans une période d'affluence sans précédent, vivre frugalement semble idiot et dépassé. Mais si vous voulez rester économiquement et émotionnellement indépendant, la frugalité est une vertu essentielle à développer.

Pourquoi être frugal est essentiel pour être efficace

La frugalité vous empêche d'être enchaîné

Pensez à ce que vous faites quand vous êtes endetté. Vous donnez à un autre le pouvoir sur votre liberté.
Benjamin Franklin

Notre société est criblée de dettes. La dette personnelle est l'esclavage. L'intérêt élevé qui accompagne la dette ne dort jamais ni ne s'éteint. Si vous manquez à votre obligation de payer, cela vous écrasera.

J'ai par le passé occupé un emploi dans un bureau chargé des faillites. Bien que certaines personnes venaient là à cause d'événements catastrophiques tels que des maladies graves, la plupart étaient là parce qu'elles avaient fait des dépenses frivoles qui les avaient finalement rattrapé.

Bien que le statut de faillite puisse fournir à ces personnes une chance de repartir à zéro, cela a un prix élevé. Leur crédit est ruiné pour les dix prochaines années. Chaque fois qu'elles essaient d'obtenir un prêt, les prêteurs potentiels voient cette horrible marque dans leur dossier.

La dette peut vous ruiner et vous ruinera. Elle vous ôtera votre liberté et votre dignité. A éviter comme la peste. Embrassez votre responsabilité personnelle et appréciez la liberté et la tranquillité d'esprit que vous offre la frugalité.

Non seulement la frugalité vous libère de la

servitude de la dette mais elle vous libère également des lourdes chaînes que peuvent avoir les choses sur vous. Pensez à combien de temps vous passez à gérer et à prendre soin de vos affaires. En réduisant la quantité de choses dans votre vie, vous réduisez le temps que vous devez passer à prendre soin d'elles, ce qui vous laisse plus de temps pour vous concentrer sur les choses qui sont vraiment importantes dans votre vie.

La frugalité construit l'autodiscipline

Le succès dans la vie exige d'avoir une bonne maîtrise de soi. Apprendre à contrôler vos dépenses est une façon de développer votre auto-discipline. La capacité de distinguer entre les désirs et les besoins et de repousser ces désirs jusqu'à ce que vous puissiez vous les accorder est la marque d'un vrai homme. Se précipiter pour acheter quelque chose simplement parce que vous sentez que vous devez l'avoir immédiatement relève d'un comportement enfantin. La maturité signifie avoir l'auto-discipline nécessaire pour vivre selon vos moyens. Si vous avez tendance à faire des achats frivoles, faites un effort pour y résister. Après un certain temps, vous remarquerez qu'il vous deviendra plus facile de lutter contre vos envies d'acheter tout et n'importe quoi. L'auto-discipline dans vos finances peut vous mener à l'auto-discipline dans d'autres domaines de votre vie.

La frugalité vous aide à être autonome

Ne nous rendons-nous pas compte que l'estime de soi vient avec l'autonomie ?
Abdul Kalam

La frugalité vous fournit non seulement un avantage économique mais elle vous accorde également un sentiment d'indépendance et de respect de vous qui vient du fait d'être autonome. Pensez à la dernière fois où vous avez réparé quelque chose chez vous. Comment vous sentiez-vous ? Assez bien, je parie. Il y a quelques mois, le câble de mon sèche-linge a lâché. J'aurais pu appeler un technicien mais je voulais économiser de l'argent. J'ai donc chercher de l'aide en ligne, acheté un câble de remplacement et bricolé durant quelques heures. Quand j'ai eu terminé ce travail, je me suis senti bien parce que :

1) j'ai économisé de l'argent,
2) j'ai appris une nouvelle compétence, et
3) je me suis senti autonome.

Je n'ai pas eu à dépendre d'un réparateur pour le faire à ma place. J'ai pu le faire moi-même.

Autrefois, les pères transmettaient à leurs fils des compétences précieuses comme savoir changer un pneu, construire un établi, fixer un robinet, changer l'huile d'une voiture, poser une étagère, etc. Aujourd'hui, ce n'est malheureusement plus le cas, ou pas aussi souvent. Ainsi, vous devrez peut-être consulter un livre, rechercher sur Google ou demander à un ami avant d'aborder un problème pour lequel vous devriez normalement engager quelqu'un d'autre. Mais le temps supplémentaire que vous y consacrerez en vaudra la peine.

La frugalité vous force à trouver le vrai vous

Vous n'êtes pas votre boulot. Vous n'êtes pas l'argent que vous avez en banque. Vous n'êtes pas la voiture que vous conduisez. Vous n'êtes pas le contenu de votre portefeuille. Vous n'êtes pas votre p*** d'uniforme.
Tyler Durden, Fight Club

Notre société consumériste veut nous faire croire que nous sommes ce que nous achetons. Le consumérisme dit que tout ce que vous achetez et que vous possédez envoie un message au monde sur qui vous êtes et les valeurs que vous détenez. Si vous voulez changer votre identité, il suffit de de vous rendre au centre commercial local et d'acheter de nouveaux vêtements ou appareils qui vous donneront cette identité. Les gens peuvent dépenser des fortunes dans leur effort de paraître plus « cool ».

La réalité est que l'achat d'un SUV ne vous rend pas plus robuste, l'achat d'une veste North Face ne vous rend pas aventurier et l'achat de « produits verts » ne vous rend pas meilleur ou plus conscient.

La frugalité vous oblige à regarder en face le fait que vous n'êtes pas ce que vous possédez. Au lieu de chercher des modes externes d'affirmation de votre valeur personnelle, la frugalité vous oblige à regarder à l'intérieur. En prenant la décision de ne pas dépenser votre argent sur des choses extérieures pour vous sentir mieux, vous commencez à développer des habitudes et des traits qui feront de vous une personne meilleure.

En résumé, **être frugal signifie essentiellement ne pas acheter ce que vous ne pouvez pas vous permettre d'acheter.**

Sachez également que si vous cherchez des ressources sur la façon de pratiquer la frugalité, il existe des centaines de sites Web, de blogs et de vidéos consacrés à ce thème.

6. Le travail

Ne perdez pas de temps, soyez toujours occupé à quelque chose d'utile. Supprimez tout ce qui n'est pas nécessaire.

Si vous passez du temps sur le web, vous avez sans doute entendu parler du livre de Tim Ferris « La semaine de 4 heures ». Dans ce livre, M. Ferris se propose de montrer aux gens comment ils peuvent passer beaucoup moins de temps à travailler et avoir ainsi la liberté de concevoir le mode de vie de leurs rêves.

Fondamentalement, cela implique l'externalisation du plus de tâches serviles possibles à une personne en Inde afin d'avoir le temps de voyager dans le monde en poursuivant votre passion. Bien que je pense que M. Ferris fasse quelques bonnes remarques sur le fait d'être plus efficace durant votre temps de travail, sa prémisse que les gens devraient chercher à éviter complètement le travail en tant que style de vie ne me correspond pas.

Voici cinq de mes griefs avec « La semaine de 4 heures ».

1. Comment le loisir peut-il avoir un sens en l'absence de travail ? J'ai souvent envie d'une pause au travail et quand elle est enfin possible, la première semaine de détente est fantastique. La deuxième semaine est également agréable mais ensuite cela devient quelque peu ennuyeux. Je commence à être agité et j'ai besoin de m'engager à nouveau dans une activité utile. Quand vous travaillez et faites réellement une coupure, c'est fantastique. Vous ne pouvez pas avoir le sucré sans l'amer.

2. Qui fera le travail si tout le monde vit la « semaine de 4 heures ? » L'idée d'éviter le travail n'est tout simplement pas tenable. Bien sûr, de nos jours, il est possible d'externaliser certaines taches à un travailleur en Inde, mais que se passerait-il si cette personne en Inde voulait elle-même externaliser son travail afin de pouvoir vivre le même style de vie ? Peut-être qu'elle externaliserait son travail à quelqu'un au Vietnam. Mais que se passerait-t-il si cette personne au Vietnam atteignait un niveau de prospérité qui lui permette de vivre ses rêves ? Et ici, chez nous, qui seront nos professeurs, nos médecins et nos avocats ? Qui pilotera l'avion quand nous voudrons aller explorer le monde ? Ah oui, ces pauvres âmes qui n'ont jamais acheté le livre.

L'idée de transférer tout votre travail à quelqu'un d'autre est élitiste et antidémocratique. Cela implique que les seules personnes qui travailleront seront celles qui ne sont pas assez intelligentes pour s'en échapper. Pourquoi le travail est-il indigne de vous mais serait acceptable pour les autres ?

3. Un travail dur et parfois désagréable affine votre caractère. Si vous confiez chaque tâche désagréable à quelqu'un d'autre, comment allez-vous développer les vertus de la persévérance, de l'endurance et de l'auto-discipline ? Chaque tâche ardue que vous accomplissez renforce votre capacité à faire face aux difficultés dans l'avenir. Si quelqu'un près de vous meurt, vous ne serez pas en mesure d'externaliser votre deuil, et si vous devenez malade, vous ne pourrez pas externaliser la volonté de guérir. Si vous avez passé votre vie à éviter le travail acharné, allez-vous avoir la force mentale et émotionnelle pour faire face à une crise que vous ne pourrez pas compter sur quelqu'un d'autre ?

4. Le travail encourage la responsabilité personnelle. Lorsque vous choisissez de faire les choses vous-même, vous prenez possession de la tâche à accomplir et donc des résultats de cet effort. Si vous externalisez votre travail auprès de quelqu'un d'autre, vous pouvez éviter d'être blâmé si quelque chose ne va pas, mais vous vous privez aussi de la joie et de la fierté du succès quand tout va bien.

5. « La semaine de 4 heures » est un mauvais exemple pour vos enfants. Qu'est-ce que cela enseigne à vos enfants s'ils voient que chaque fois que papa a un travail désagréable à faire, il le fait faire par quelqu'un d'autre ? L'externalisation de votre travail leur envoie le message que chaque fois que vous êtes confronté à une tâche ardue, il vaut mieux abandonner et laisser quelqu'un d'autre le faire pour vous. Si votre enfant veut être le représentant de sa classe, pourquoi se préoccuper d'une campagne et faire des affiches ? Il peut simplement demander à quelqu'un d'autre de le faire. Il est harcelé par un tyran ? Pas de souci, il suffit d'embaucher quelqu'un pour lui botter le derrière.

Les argument pour le travail

- **Développez le respect de vous-même.** Vous investir dans un travail honnête chaque jour vous permet de vous regarder dans le miroir sans vous sentir honteux. Pensez à la dernière fois que vous avez perdu une journée entière à jouer à des jeux vidéo. Bien sûr, c'était amusant pendant que vous étiez en train de passer au niveau suivant mais comment vous êtes-vous senti quand vous avez finalement éteint votre console à 4 heures du matin ? Si vous êtes comme moi, vous vous êtes probablement senti mal, comme un vagabond inutile. Vous vous êtes rendu compte que vous avez passé toute une journée à faire quelque chose qui n'a pas contribué à vous rendre meilleur, ni le monde autour de vous. Vous avez certains dons et talents qui doivent être partagés avec les autres. Mais quand vous perdez ce don précieux qu'est le temps, vous démontrez que vous vous contentez de demeurer dans une médiocrité égoïste. Réalisez votre vrai potentiel et donnez du sens à chaque heure de votre existence.

Ne vivez pas inutilement pour ne pas mourir méprisable.
John Witherspoon

- **Luttez contre la dépression.** L'oisiveté n'est peut-être pas le terrain de jeu du diable, mais c'est peut-être la chambre de la dépression. Avez-vous déjà connu une personne au chômage durant une longue période de temps ? Il est probable qu'elle soit tombé dans une forme de dépression. Les hommes sont programmés pour se sentir utiles, pour faire et fournir des choses pour les autres. Privés de travail, les hommes se sentent souvent perdus parce que cela les privent d'un sentiment d'identité et d'un but. Le travail fournit une raison de se lever chaque jour et un sentiment d'accomplissement.

La dernière fois que je suis allé en camping, j'ai fait une randonnée le long d'un beau ruisseau. J'ai remarqué que les parties du cours d'eau où l'eau se déplaçait le plus rapidement étaient pures et propres. Les parties du cours d'eau où le courant ralentissait étaient stagnantes et troubles. Il en est de même de la vie. Pour nous garder heureux et motivé, nous devons toujours bouger. Sinon, nous languissons et devenons déprimé.

- **Plus de temps pour l'engagement familial et civique.** J'ai un ami en école de droit qui a trois enfants. Il travaille toujours et utilise chaque minute qu'il passe à l'école. Je lui ai demandé une fois comment il faisait et il m'a dit : « Chaque minute que je gaspille ici à l'école est une minute de moins que je peux passer avec mes enfants quand je rentre à la maison. » En faisant son travail à l'école, mon ami est capable de se concentrer complètement sur sa famille quand il rentre chez lui.

En plus d'avoir plus de temps pour votre

famille, en étant travailleur vous aurez du temps à consacrer à votre communauté. Le développement de la vertu du travail ne vous laisse pas seulement plus de temps pour la participation civique, cela contribue également à développer l'éthique de travail nécessaire pour contribuer au bien public. Les projets communautaires ne sont pas faits par un groupe de vagabonds paresseux. Cela exige des gens qui sont proactifs et prêts à s'investir.

Comment être laborieux

- **Planifiez**. Avant de vous coucher, asseyez-vous et planifiez votre journée du lendemain. Une des raisons pour lesquelles les gens pataugent et perdent du temps durant la journée est qu'ils ne savent pas ce qu'ils doivent faire. Vous pouvez éviter cela en planifiant votre journée. Trouvez un système qui fonctionne pour vous. Certaines personnes aiment planifier chaque minute de la journée, tandis que d'autres aiment avoir une liste de tâches à accomplir. Certaines personnes aiment les planificateurs en ligne ou numériques, tandis que d'autres préfèrent les systèmes de planification sur papier. Personnellement, j'utilise un planificateur papier que j'ai conçu moi-même en utilisant Excel. J'aime planifier exactement ce que je ferai à chaque heure de la journée. Cela m'aide à me concentrer sur ma tâche.

C'est fabuleux ce que l'on peut faire quand on est toujours en train de faire quelque chose.
Thomas Jefferson

- **Éliminez les distractions.** Bien que je ne sois pas d'accord avec Tim Ferris pour externaliser chaque corvée désagréable de ma vie, je fais mienne sa suggestion d'éliminer les distractions inutiles. Une suggestion de son livre que j'aime particulièrement est le traitement par lot de la boite mail. Au lieu de vérifier votre boite mail des centaines de fois tout au long de la journée, choisissez deux créneaux quotidiens pour consulter et répondre à vos mails.

  Si surfer sur le Web est chronophage pour vous, désactivez votre Wi-Fi ou débranchez votre câble Ethernet pendant que vous travaillez. Si vous avez Firefox, vous pouvez bloquer certains sites Web pendant une période de temps définie avec Leech Block.

- **Ayez un objectif digne.** Vous serez toujours naturellement porté à passer votre temps concentré sur les objectifs que vous avez défini. Pensez-y. Pourquoi certaines personnes passent-elles des heures par jour à jouer à des jeux vidéo ? Leur but est de finir le jeu ou de battre les autres joueurs. Elles jouent sans arrêt jusqu'à ce qu'elles aient atteint leur objectif.

Imaginez si ces hommes avaient des objectifs plus élevés. Au lieu de perdre leur temps à essayer de tuer le plus de créatures possibles dans un jeu vidéo, ils pourraient améliorer leur condition physique par l'exercice ou apprendre une nouvelle compétence qui les aiderait à progresser dans leur carrière.

Fixez-vous donc des objectifs dignes de vous. Un objectif digne est celui qui fera de vous quelqu'un de meilleur ou qui rendra meilleur le monde autour de vous. Après avoir rédigé vos objectifs, emportez-les avec vous en tout temps. Sur mes pages de planification quotidienne, je réserve un espace où j'écris mes objectifs chaque jour. Vous n'avez pas besoin d'un planificateur pour ce faire. Il suffit d'écrire vos objectifs sur une fiche bristol.

Chaque fois que vous prenez une décision sur la façon dont vous allez utiliser votre temps, arrêtez-vous et demandez-vous : « Cette action me rapproche-t-elle de mon objectif ? » Si la réponse est non, ne le faites pas. Cela vous demandera du travail et de la discipline au début mais après un certain temps, cela deviendra naturel. Au lieu de perdre votre temps précieux dans des activités frivoles, vous resterez concentré sur les choses qui vous rendront plus productif et efficace.

- **Mettez en œuvre la règle 48/12.** Être travailleur c'est bien, mais si vous êtes un être humain, vous allez avoir besoin de pauses pour éviter une panne mentale. Une façon de vous assurer de prendre les pauses dont votre esprit et votre corps ont besoin est d'appliquer la règle 48/12 dans votre vie. La règle 48/12 signifie que vous travaillez sans vous arrêter pendant 48 minutes. Toute votre concentration est mise sur la tâche à accomplir durant ces 48 minutes. Quand ces 48 minutes sont épuisées, faites une pause pour les 12 minutes restantes. Surfer sur le web ou levez-vous et allez faire une promenade rapide à l'extérieur. Dès que les 12 minutes sont terminées, revenez au travail. Vous serez surpris de voir combien vous pouvez accomplir en une journée en mettant en œuvre cette règle.

- **Trouvez des façons d'être productif, même durant vos loisirs.** Lorsque vous avez du temps, hors de votre travail habituel, faites usage de votre temps libre en poursuivant des activités qui feront de vous un homme meilleur. La véritable récréation est une activité qui vous laisse énergique et prêt à affronter la semaine à venir. Au lieu de passer votre temps devant la télé à regarder des âneries, trouvez des activités qui vous ressourcent.

L'idée est de rester occupé mais à un rythme beaucoup plus détendu. Rappelez-vous que plus vous restez assis à ne rien faire, plus il sera difficile de vous motiver lorsque vous aurez réellement à travailler. Évitez cette ornière en restant occupé avec des activités qui vous détendent, mais néanmoins constructives.

7. La sincérité

Ne trompez jamais personne ; que vos pensées soient pures et justes, et parlez selon vos pensées.

De nos jours, la sincérité est étroitement associé à la franchise et au fait d'être vraiment intéressé par ce que vous dites. Mais la définition de Benjamin Franklin est un peu plus large. Le dictionnaire ajoute des précisions car il définit la sincérité comme l'absence de tromperie, d'hypocrisie ou de duplicité, l'honnêteté dans l'intention ou dans la communication. Au cœur de la sincérité, on trouve donc l'honnêteté dans la conduite et surtout dans la communication. L'honnêteté et l'intégrité sont la marques des vrais hommes. Cherchez la sincérité dans vos relations en devenant un homme qui garde les confidences, freine son sarcasme et évite la malhonnêteté.

Confidences et commérages

La plupart des hommes ne songeraient jamais à voler une banque ou à voler les biens de leurs amis. Mais beaucoup d'hommes sont beaucoup moins prudents avec une propriété tout aussi précieuse : l'information privée. Peu importe comment l'information est venu à vous, le caractère sacré de l'information en votre possession doit être étroitement surveillé. Vous devriez considérer les informations confidentielles qui vous sont données comme de l'argent dans un coffre. Vous en êtes le gardien, mais vous n'êtes pas autorisé à le dépenser. Il est rare aujourd'hui de rencontrer un homme avec qui vous pouvez partager vos pensées intimes en sachant absolument que cette information ne quittera jamais la salle. Soyez cet homme. Soyez un homme d'honneur.

Les ragots peuvent faire du tort à la fois à vous et à la personne à laquelle vous choisissez de parler, et ce de plusieurs manières :

- Si vous êtes quelqu'un qui parle derrière le dos des gens, **même ceux qui vous apprécient en viendront à se méfier de vous.** Lorsque vous entendez un homme calomnier quelqu'un d'autre quand cette personne n'est pas présente, vous êtes forcé de vous demander ce que cet homme dit de vous quand vous n'êtes pas là.

- **Les ragots sont intrinsèquement injustes.** Les hommes devraient toujours chercher à être justes dans leurs relations avec les autres. Mais quand vous colportez des ragots, vous souillez le nom d'une personne sans que cette personne soit présente et autorisée à se défendre. Votre réputation est importante pour vous. Montrez le même respect pour la réputation des autres en refusant de les critiquer quand ils ne peuvent pas se défendre.

- **Les ragots peuvent ruiner la réputation des gens.** Parfois, même les informations dont vous êtes sûr à un moment donné se révèlent fausses. Néanmoins, le mal est fait et la perception qu'ont les gens d'une personne peut être modifiée à jamais.

Comment garder les confidences

Déterminez si une information peut être transmise ou non. Un potin n'a pas à être faux pour être un potin. Les potins peuvent être véridiques, mais ce n'est pas le problème des autres. Si vous n'êtes pas sûr que quelque chose puisse être partagé, posez-vous ces questions :

- est-ce vrai ?
- est-ce bien ?
- est-ce nécessaire ?

Si vous pouvez répondre oui aux trois questions, alors allez-y. Sinon, taisez-vous.

Mais que faire si l'on vous presse de révéler un secret dont vous avez connaissance ? Je recommande cette excellente réplique : amenez la personne près de vous et murmurez-lui : « Tu sais garder un secret ? » Votre ami répondra alors certainement oui. Mettez la main sur son épaule et dites-lui : « Eh bien, moi aussi ! » Fin de la conversation.

Faites taire vos sarcasmes

Je dois l'admettre, je suis une personne sarcastique. Une réplique assénée au bon moment peut parfois être très drôle, mais c'est un outil qui est plus efficace dans la modération. Pourtant, chez certains hommes, tout ce qui sort de leur bouche est sarcasme. Ils l'utilisent comme une béquille dans la conversation. Lorsque le sarcasme devient excessif, il peut vous blesser et blesser les autres autour de vous pour les raisons suivantes :

- **Le sarcasme est souvent le refuge des faibles** et est employé par les hommes qui sont trop peureux pour dire ce qu'ils pensent vraiment. Selon la psychologie moderne :

« Bien qu'ils ne soient pas conscients de cela, le

sarcasme est leur moyen d'exprimer indirectement de l'agression envers les autres et de l'insécurité envers eux-mêmes. Envelopper leurs pensées dans une formule humoristique les protège de la vulnérabilité qui vient directement du fait de mettre ses opinions sur la table. « Les personnes sarcastiques se protègent en laissant le monde voir seulement la partie superficielle de qui ils sont », dit Steven Stosny, un thérapeute basé à Washington et spécialiste de la colère. « Ils sont dans la gestion de l'impression qu'ils produisent ».

- **Le sarcasme peut blesser les sentiments des gens.** La frontière est souvent mince entre la bonne intention et le commentaire vraiment piquant. Même si vous savez que vous ne faites que plaisanter, d'autres pourraient prendre ce que vous dites à cœur.

- **Le sarcasme est trop facile.** Le sarcasme est souvent utilisé comme une zone de flou quand un homme ne peut pas formuler une opinion bien raisonnée. Il est beaucoup plus facile de lancer une pique que de faire un contre-argumentaire réfléchi.

Le mensonge

Dans le domaine du mensonge, la plupart des hommes s'en sortent bien quand il s'agit de fabriquer de manière flagrante des informations. Mais c'est le mensonge le plus insidieux qui est le plus difficile à maîtriser. Dans notre regard, dans notre ton, dans les parties d'une histoire que nous racontons ou que nous laissons de côté, nous pouvons encore être malhonnêtes. J'entends souvent des gens dire : « Non, je ne lui ai pas menti. Je ne lui ai tout simplement pas dit tout ce qui s'est passé. » C'est encore un mensonge.

Mentir est facile à rationaliser, surtout quand dire la vérité peut nous apporter des conséquences négatives. Mais nous devons nous efforcer d'être dans l'honnêteté complète. Si vous commencez à dire de petits mensonges, il vous deviendra plus facile d'en rationaliser de plus grands. Et si vous êtes presque toujours honnête mais que vous êtes pris une fois à mentir, les gens remettront en cause vos actions passées et vos remarques futures. Votre intégrité et votre fiabilité seront réduites à néant.

Mais qu'en est-il des mensonges pour préserver les sentiments des gens ?

C'est une vieille question. Que dites-vous quand

votre femme vous demande si elle a l'air grosse dans cette robe, et que c'est le cas ? Que lui diriez-vous si elle rentre avec une coupe de cheveux horrible et si elle veut savoir si vous l'aimez ? Si vous décidez de rompre avec une femme parce qu'elle est ennuyeuse ou superficielle, devriez-vous lui dire la vérité ?

Proférer de « bons mensonges » est une question épineuse. La bonne réponse varie d'une situation à l'autre. Une certaine quantité de bons mensonges est nécessaire pour gérer certaines situations chez soi, dans la société et au travail. Mais d'une manière générale, je recommande de regarder du côté de l'honnêteté. Personnellement, j'ai tendance à être honnête. Parfois cela me gêne, mais en général cette attitude me gagne le respect de mes pairs. Le problème de dire des bons mensonges, c'est que même s'ils peuvent flatter une personne à court terme, ils la blesseront à long terme. Prenons l'exemple de l'horrible coupe de cheveux. Si tout le monde dit à une femme qu'elle a l'air fantastique, elle va continuer à refaire la même horrible coupe de cheveux. Si vous dites à une femme avec qui vous rompez que « ce n'est pas toi, c'est moi » quand c'est vraiment elle, vous privez cette femme d'une chance d'évaluer comment elle pourrait s'améliorer. Mais je peux dire sans équivoque que si votre épouse vous demande si elle semble grosse, vous devriez toujours répondre non. Même si elle vous supplie d'être honnête. C'est un piège.

Enfin, il convient de noter que certaines personnes utilisent le manteau de l'honnêteté comme une excuse pour livrer des remarques insensibles et décisives. Lorsqu'ils sont interrogés, ils disent : « Eh bien, je suis juste honnête ! » C'est peut-être vrai, mais il n'est souvent pas nécessaire de donner votre opinion si elle n'est pas expressément sollicitée. Utilisez le jugement sain et soyez un gentleman.

8. La justice

Ne faites jamais de mal à autrui, soit en causant une perte réelle, soit en privant d'un gain légitime.

L'homme est un animal social. Tous les jours, nous interagissons avec des personnes de capacités relationnelles différentes. Pour que ces interactions se déroulent sans heurts, les êtres humains ont développé des droits et des obligations que chaque individu et chaque communauté doivent reconnaître. La vertu de la justice guide les hommes dans leur quête pour respecter ces limites et responsabilités.

Qu'est-ce que la justice ?

Depuis des millénaires, les philosophes ont débattu de cette question. La justice, comme la beauté ou la bonté, est un concept éthéré et difficile à définir. Le théologien et philosophe catholique saint Thomas d'Aquin l'a dit succinctement quand il a défini la justice comme la volonté constante et perpétuelle de rendre à chacun son dû. Je pense que c'est la même idée de justice que Benjamin Franklin. Ceux qui respectent les lois, les règles et les normes sont récompensés. Ceux qui ne le font pas sont punis. L'injustice survient lorsqu'un homme nie à un individu ou à un groupe la punition ou la récompense qui lui est due.

Comment développer la vertu de la justice

Développez vos connaissances. Pour être un homme juste, vous devez acquérir une connaissance des droits et des responsabilités qui régissent votre famille, votre communauté et votre nation. Une grande partie de cette connaissance est acquise très tôt dans la vie, simplement en interagissant avec les autres. Nous apprenons que si nous cassons quelque chose ou blessons quelqu'un, nous devons réparer ou payer pour ce que nous avons cassé, ou nous excuser auprès de la personne blessée. Nous apprenons que lorsque nous faisons une promesse, il nous faut l'honorer et que si nous ne le pouvons pas, nous devons en assumer les conséquences négatives.

La justice niée diminue partout la justice.
Dr. Martin Luther King

Bien que ces connaissances nous viennent intuitivement, des questions de justice se posent souvent en dehors de notre vie personnelle ou se produisent à une plus grande échelle. Ces questions ne recueillent généralement pas l'attention qu'elles méritent parce que cela demande un effort. L'apathie est peut-être le plus grand obstacle à la justice.

Beaucoup d'injustices se produisent chaque jour, dans votre communauté, dans votre pays et dans le monde qui ne produisent pas la juste indignation qu'elles devraient, parce que les hommes ne se soucient guère de ce qui ne les concerne pas.

Les vrais hommes cherchent non seulement la justice dans les événements qui les touchent personnellement, mais sont également sensibles au traitement équitable de chacun, même d'un parfait étranger. Ils se dressent face à l'injustice quels que soient le moment et le lieu où elle apparaît. Pour ce faire, un homme doit avoir une bonne compréhension de la société et des idées en jeu, se tenir au courant de l'actualité et savoir sortir de son cadre habituel.

Vous pouvez développer les qualités nécessaires pour exercer la justice avec sagesse en faisant les choses suivantes :

- **Lisez de bons et nobles livres.** Fixez-vous l'objectif de lire autant d'œuvres de littérature classiques que vous le pouvez au cours de votre vie. Tous les grands livres abordent des questions complexes qui exigent des personnages d'exercer la justice. En lisant de la grande littérature, vous développez et agrégez les connaissances dont vous avez besoin pour exercer la justice. Pour une liste des grands livres de la civilisation occidentale, voyez par exemple ici. Vous pouvez trouver la plupart de ces livres à la bibliothèque ou vous pouvez même les trouver en ligne grâce au projet Gutenberg et à Gallica.

Rien n'est préférable à la justice.
Socrate

- **Lisez et regardez des sources d'informations réputées.** Que ce soit en ligne ou sous forme imprimée, chaque homme devrait lire au moins un journal par jour. Lisez des sources diverses, par exemple avec une orientation libérale puis conservatrice, afin d'obtenir un point de vue équilibré. Regarder le journal télévisé n'est pas inutile, mais complétez cela en lisant une source d'informations qui plonge profondément dans certaines questions. Manquer de temps n'est pas une excuse. Il suffit d'écouter une bonne radio durant votre trajet quotidien pour vous connecter à ce qui se passe dans le pays et dans le monde. En vous tenant au courant des événements actuels, vous commencerez à voir la quantité d'injustice dans le monde, à développer la capacité de faire des jugements sur la façon de résoudre ces injustices - et serez inspiré à agir.

- **Voyagez et quittez votre zone de confort.** Bien que voyager ne soit pas indispensable à l'engagement, c'est sans aucun doute une façon singulière de vous éduquer. Lorsque vous en avez l'occasion, visitez des pays étranger et cherchez des endroits et des personnes qui ne se trouvent pas dans les guides de voyage. Quitter votre zone de confort ne signifie pas forcément quitter le pays. Pour beaucoup, une autre partie de leur propre ville peut être aussi étrangère. Essayez de découvrir des lieux, même dans votre ville, où vous ne vous êtes jamais aventuré. Vous serez surpris de la quantité d'injustice qui se produit dans votre propre ville.

Les domaines de notre vie personnelle où nous pouvons exercer la justice

Pour beaucoup d'hommes, la justice ne va jamais au-delà des mots et des actes. Les hommes de ma génération ont tendance à se plaindre des problèmes de la société, de la politique et du monde, mais ne prennent aucune mesure pour corriger ces injustices, sinon peut-être apposer un autocollant à l'arrière de leur voiture. Pour être juste, ces hommes sont naturellement désabusés par rapport au pouvoir actuel et ont le sentiment croissant qu'il n'y a rien que nous puissions faire pour changer les choses. Mais plus ils se laissent aller à l'apathie, plus cela deviendra vrai. L'apathie est comme une maladie contagieuse qui se propage de personne à personne et à la fin, chaque individu renonce à la passion et au combat. La vérité est que chaque homme a la responsabilité de lutter pour la justice autant qu'il le peut. Voici quelques façons de le faire :

- **La justice dans nos paroles**. Nous avons parlé précédemment de la vertu de la sincérité. Quand nous ne sommes pas sincères avec quelqu'un, nous nions à cette personne le droit à la vérité. C'est une injustice. Quand nous parlons en mal d'une autre personne, nous noircissons le nom de cette personne sans lui permettre de se défendre. C'est aussi de l'injustice.

  Toute vertu est résumée dans la justice.
  Aristote

- **La justice au travail.** Un employeur juste paiera à ses employés ce qu'ils méritent. Un PDG juste ne s'accordera pas une augmentation de salaire si sa compagnie perd de l'argent, et si la compagnie gagne de l'argent, il reversera une partie de cette richesse vers les ouvriers qui ont rendu ce profit possible. Un employeur juste n'essaiera pas d'obtenir de ses employés qu'ils fassent des heures supplémentaires non payées. Ils n'essaiera pas de tromper ses employés quant à leurs avantages. Inversement, des employés justes ne tricheront, par exemple en ne faisant rien alors qu'ils sont payés pour travailler. Ils n'appelleront pas pour se faire porter pâles quand ils ont simplement envie d'aller se balader.

- **La justice dans l'espace public.** Nulle part la désillusion susmentionnée n'est plus prononcée que dans le domaine de la politique. Les hommes d'aujourd'hui sont devenus complètement cyniques du fait des scandales à répétition et des dirigeants politiques qui font des promesses pleines d'espoir durant leurs campagnes et abandonnent ces idéaux une fois au pouvoir. Le problème ne se limite pas aux politiciens corrompus, il vient aussi de l'apathie des électeurs qui ne protestent pas alors que le navire de notre démocratie coule lentement.

Mais il n'a pas encore coulé. Il y a encore

quelques bons politiciens et si les hommes s'impliquent davantage dans le processus politique, plus de bonnes personnes y entreront et plus de voyous corrompus en seront expulsés. Cela ne peut se produire que si les gens commencent à jouer un rôle actif en politique. Lisez sur ces questions. Ignorez les âneries que les grands médias créent dans leur machine à propagande. Participez aux campagnes. Faites un don au candidat de votre choix, faites du porte à porte en diffusant son message, mettez un signe devant chez vous, formez des groupes d'activistes, distribuez des tracts à l'école, etc. Rien ne changera jamais à moins que les hommes ne commencent à s'en soucier.

C'est dans la justice que l'ordre de la société est centré.
Aristote

- **La justice dans votre communauté.** Même si beaucoup d'hommes ont du mal à croire qu'ils peuvent changer la politique, personne ne peut nier que le changement est possible quand il est entrepris pas à pas. Beaucoup de gens dans votre communauté n'ont pas eu un bon départ dans la vie. Nous pouvons servir la cause de la justice en les aidant à parvenir à des conditions de vie plus équitables. Trouvez un moyen de faire du bénévolat et d'offrir vos services aux autres. Devenez un grand frère ou le mentor d'un jeune homme qui a mal démarré dans la vie et aidez-le à voir comment il peut lui-même devenir un homme.

Une autre façon d'exercer la justice dans votre communauté est de défendre les individus qui, selon vous, sont victimes d'abus physiques, mentaux ou émotionnels. Un reportage montrait dernièrement une situation dans laquelle un homme agressait verbalement une femme dans un parc afin de voir combien de personnes allaient intervenir. Étonnamment, peu de personnes. Celles qui intervenaient étaient pour la plupart des femmes. Qu'est-ce qui ne va pas chez les hommes ? Je sais que généralement nous sommes fiers de notre individualisme robuste et que nous essayons d'éviter de nous impliquer dans la vie d'autres personnes, mais si vous voyez un acte de violence en cours, ne restez pas inactif. Faites quelque chose !

- **La justice dans le monde.** Une fois que vous commencerez à prêter attention aux événements actuels, vous serez frappé par la quantité d'injustice dans le monde. On accorde beaucoup d'attention aux causes telles que le sida ou la pauvreté dans le monde. Ce sont des causes nobles et dignes, mais j'ai le sentiment que nous essayons souvent de les résoudre de la mauvaise manière. Programmer d'énormes concerts pour « sensibiliser » à la pauvreté mondiale ou simplement donner de l'argent aux pays pauvres est un bon début, mais ne résoudra pas le problème. La prise de conscience disparaît après quelques semaines et les gouvernements corrompus dans les pays pauvres gaspillent l'argent que nous leur donnons. Si vous voulez combattre l'injustice dans le monde, rejoignez ou travaillez pour une association de type UNICEF. Si tout ce que vous pouvez faire est de donner de l'argent, assurez-vous de le faire à un organisme non gouvernemental de bonne réputation, qui utilisera la plupart de votre aide pour aider les gens, pas pour payer des frais administratifs. Une autre excellente façon d'aider à atténuer la pauvreté consiste à financer des micro-crédits pour permettre aux habitants des pays en développement de créer de petites entreprises.

Si vous vous sentez vraiment ambitieux,

donnez la dîme. La dîme est souvent associée au fait de donner à une organisation religieuse, mais ce n'est pas obligatoire. Si vous n'appartenez pas à une église, si vous n'êtes pas religieux, ou ne croyez même pas en Dieu, vous pouvez encore donner la dîme. Trouvez une cause qui vous passionne et donnez-lui un pourcentage de votre revenu. Ce peut être n'importe quoi ! L'environnement, une organisation politique ou un organisme de bienfaisance. Faire don de votre argent à une cause ou à une organisation reflète vos valeurs. C'est l'occasion de mettre votre argent là où vous voulez.

9. La modération

Évitez les extrêmes, pardonnez les injures, autant que vous pensez qu'elles méritent le pardon.

Avez-vous déjà vécu une passion au début d'une relation ? Vous avez des papillons dans les yeux chaque fois que vous voyez la personne et vous voulez être avec elle à chaque instant de chaque jour. La connexion est électrique. Mais après quelques mois les choses commencent à changer. Vous commencez à vous ennuyer et à être agité. Le feu a disparu et il ne reste qu'une étincelle.

Ou avez-vous déjà déménagé dans un nouvel endroit d'une beauté à couper le souffle ? Les premiers mois, vous étiez impressionné chaque jour par le paysage. Le simple fait de sortir pour chercher le courrier était une occasion de regarder le paysage avec émerveillement. Mais, les années passant, cet environnement autrefois si beau à vos yeux est juste devenu ordinaire et banal.

Rappelez-vous la dernière fois que vous avez acheté ce CD qui vous plaisait tant. Vous avez écouté les chansons encore et encore. Elles remuaient quelque chose en vous. Mais après quelques mois, vous vous êtes surpris à l'écouter sans même le remarquer. Et finalement vous vous êtes lassé de l'insérer dans votre platine.

Quel est le fil conducteur dans toutes ces situations ? Elles montrent toutes la manière dont nos cerveaux s'habituent rapidement à une stimulation. Alors que dans un premier temps nos sens sont aiguisés par ce qu'ils reçoivent, nous nous habituons rapidement à ces stimuli. Ils perdent la capacité de nous transporter et de nous donner du plaisir. Nous devenons engourdis. À ce stade, la plupart des gens cherchent quelque chose de nouveau pour ressentir ces sentiments à nouveau.

C'est certainement la réponse que la société nous donne pour combler notre agitation, notre ennui, notre angoisse et notre malheur. La réponse est toujours PLUS. Plus de stimulation. Plus de sexe, plus de films, plus de musique, plus de boisson, plus d'argent, plus de liberté, plus de nourriture. Plus de « tout » est vendu comme le remède pour tout. Pourtant, paradoxalement, plus nous recevons de stimulation, moins nous en tirons de joie et de plaisir. La clé de l'épanouissement et du plaisir est la modération.

La modération ne semble pas avoir beaucoup de succès de nos jours. Tout nous incite aux extrêmes. Nous avons des sports extrêmes, des désodorisants extrêmes, des boissons énergétiques extrêmes. Nous cherchons des extrêmes parce que nous croyons faussement que plus une expérience est intense, plus elle sera agréable.

Notre insatiable appétit pour la stimulation

N'allez jamais dans l'excès, mais laissez la modération être votre guide.
Marcus Tullius Cicero

Les humains ont toujours cherché des stimulations de plus en plus grande. Un exemple éclairant peut être trouvé dans la Rome antique. Les grandes batailles du Colisée, rendues célèbres dans des films comme Gladiator, ont commencé à une échelle beaucoup plus petite. La tradition a commencé comme un moyen de célébrer les funérailles d'hommes importants. Deux prisonniers se battaient jusqu'à la mort. Celui qui tuait son adversaire en premier était libéré.

Ces combats augmentaient en nombre et en intensité au fur et à mesure que les militaires et les politiciens rivalisaient pour présenter un spectacle toujours plus grand. Ils gagnaient également en popularité en tant que source principale de divertissement pour les Romains.

Sentant l'intérêt fervent des gens pour de tels spectacles, Jules César, en 40 av. J.-C., créa les premiers jeux sans lien avec des funérailles.

Ces jeux augmentèrent rapidement en taille - et en barbarie. L'appétit des Romains pour les jeux était insatiable et justifia finalement la construction du célèbre Colisée, afin de satisfaire la rage des fans de ces combats. Ces fans demandaient constamment une augmentation en intensité. De la même façon que les spectacles de télé réalité d'aujourd'hui cherchent des idées nouvelles et dégradantes pour maintenir les téléspectateurs devant leur écran, les jeux des gladiateurs cherchaient de nouveaux moyens de garder le public intéressé. Les jeux ont donc été méticuleusement planifiés pour répondre aux attentes des spectateurs. Ce qui avait commencé comme un concours entre gladiateurs est devenu un cirque bizarre et sanglant où les humains étaient jetés pour être dévorés par les animaux, les animaux étaient abattus pour le plaisir, et les femmes, les enfants, les aveugles et les nains étaient utilisés pour combattre jusqu'à la mort.

Même de brèves pauses ennuyaient la foule, nécessitant la construction de tunnels élaborés facilitant l'entrée et l'évacuation des guerriers et des animaux avec une interruption minimale. Les gens s'attendaient à ce que chaque spectacle soit meilleur et plus sanglant que le précédent. Pourtant, l'intensité toujours croissante des jeux ne pût jamais suivre le rythme de l'appétit insatiable de la foule pour le sang. Il devint impossible pour les dirigeants de Rome de suivre le rythme et les coûts de ces spectacles élaborés et les jeux disparurent finalement au VIe siècle.

L'histoire des jeux romains présente un paradoxe très important : une plus grande stimulation ne satisfera pas vos désirs, mais elle augmentera réellement votre appétit pour eux.

Comme nous augmentons notre stimulation, notre appétit vient à sa rencontre. Il nous faut alors encore plus de stimulation pour obtenir le même plaisir que celui que l'ancien niveau de stimulation nous procurait.

Pourtant, la montée en puissance de la stimulation finit par atteindre un point de rendement décroissant. Tandis que vous cherchez des niveaux de stimulation toujours plus élevés, vous finissez par endommager les mécanismes délicats que votre corps et votre esprit détiennent afin de recevoir et d'apprécier le plaisir. Nous pouvons surcharger nos circuits de plaisir et devenir engourdi aux plaisirs futurs.

Comment la modération peut augmenter notre plaisir

Lorsque nous nous sentons malheureux ou que nous nous ennuyons, il existe deux façons de raviver le sentiment du plaisir. L'une est de chercher de la nouveauté et plus de stimulation. Vous pouvez commencer à sortir plus, avoir plus de relations sexuelles, acheter plus de nouvelles choses et vivre plus d'expériences. Mais le plaisir que vous obtenez dans cette course à l'intensité finira dans le vide. L'alternative est de cultiver la vertu de la modération en cherchant plus de joie et de plaisir dans ce que vous faites déjà.

- **Reconnectez-vous à vos sens.** Nous vivons dans une société saturée par la stimulation. Nous sommes devenus insensibles à la nuance. Vous n'avez pas besoin d'une nouvelle stimulation, vous avez besoin de redécouvrir les strates cachées des expériences ordinaires. Arrêtez de dévorer votre nourriture. Commencez à déguster les saveurs et textures uniques de chaque bouchée. Au lieu de descendre un fût de bière bon marché, apprenez à savourer et à apprécier un breuvage artisanal de qualité. Permettez-vous de ressentir un certain frisson lorsque vous regardez le ciel nocturne. Commencez réellement à prendre conscience de ce que vous ressentez quand vous touchez la peau de votre petite amie. Nous évoluons habituellement dans la vie comme des zombies. Réveillez-vous et commencez à plonger dans les merveille du monde.

Soyez modéré afin de goûter les joies de la vie en abondance.
Épicure

- **Développez votre capacité d'attention.** Chaque fois que je regarde de vieux films, je suis frappé par le rythme lent de l'action. Les choses semblent se produire en temps réel au point qu'il m'arrive d'être quelque peu impatient. Mais le problème est lié à ma capacité d'attention, pas au film. De même, lorsque mon ordinateur va un peu trop lentement à mon goût, je suis frustré. Alors je réalise qu'il y a seulement quelques années, il n'existait même pas d'ordinateur. Nos besoins de vitesse et de stimuli sont obtenu déraisonnables. Commencez à entraîner votre attention en regardant de vieux films, en lisant le journal et en lisant un bon vieux livre, bien long. Et quand vous êtes agité, essayez de mettre les choses en perspective.

- **Arrêtez le multitâche et soyez dans le moment présent.** Si vous êtes comme moi, vous faites toujours deux choses à la fois : parler au téléphone et surfer sur le net, surfer sur le net et regarder la télévision, regarder la télévision et lire un magazine, etc. Même quand je plie le linge, je dois allumer le téléviseur. J'aspire à la stimulation à chaque instant. Mais cette envie engendre seulement la nécessité de toujours plus de stimulation. Essayez de faire une tâche à la fois. Cessez de vous distraire à chaque instant. Concentrez-vous sur vos sens et sur ce que vous faites.

Nos théoriciens de la morale ne semblent jamais satisfaits de la norme. Pourquoi doit-il toujours y avoir une bataille entre la fornication, l'obésité et la paresse, le célibat, le jeûne et le travail forcé ?
Martin H. Fischer

- **Faites un jeûne de stimulation.** Trop de stimulation surcharge nos circuits sensoriels. Il est donc essentiel de se débrancher. La meilleure chose à faire est d'aller périodiquement à l'extérieur. Laissez votre téléphone et votre ordinateur chez vous. Si vous ne pouvez pas le faire, essayez au moins de faire un jeûne régulier de téléphone et d'internet. Choisissez un jour par semaine où vous n'y toucherez pas.

- **Retardez votre gratification.** Plus vous tenez à quelque chose, plus vous aurez de plaisir quand vous l'atteindrez finalement. Si vous mangez de la crème glacée tous les jours, elle n'aura pas un goût aussi bon que si vous en mangez une fois par mois. Plus vous tenez à cette nouvelle voiture, plus vous aurez de plaisir quand vous l'achèterez finalement. Avez-vous déjà remarqué que l'anticipation d'un jour férié peut être tout aussi bonne et parfois meilleure que le jour férié proprement dit ? Profitez du plaisir exquis de l'anticipation.

10. La propreté

Ne souffrez rien de malpropre sur votre corps, vos habits ou dans votre habitation.

Un stéréotype commun de la société est celui de l'homme négligé et mal habillé. On le voit tout le temps à la télévision. Un homme assis dans son fauteuil avec des miettes de chips partout.

Les boîtes de bière et les vieux cartons de pizza sont empilés dans toute la pièce. Le gars est habituellement vêtu d'un t-shirt sale avec des taches partout. Cette triste image représente pour certains la virilité.

Rien n'est plus faux.

Beaucoup pensent que seuls les hommes efféminés prennent le temps de se soucier de la propreté. Pourtant, les hommes virils comprennent que la propreté développe leur attention aux détails, leur éthique et leur confiance en eux. De plus, la propreté facilite le développement de l'ordre dans sa vie.

Histoire de la propreté

Bien que le sens de toutes les vertus ait changé avec le temps, la vertu de la propreté est peut-être celle qui a le plus fluctué. Nous serions probablement choqué par les normes de propreté de Benjamin Franklin, et les normes d'aujourd'hui l'auraient probablement perturbé. Historiquement et jusqu'à ce jour, les idées sur ce qui constitue la propreté ont beaucoup varié.

Pour un ancien égyptien ou babylonien, la propreté signifiait se doucher avec l'eau des aqueducs, ou simplement des servants les aspergeant d'eau. Un savon à base de cendres et de graisse animale était utilisé. Les Grecs créèrent les premières douches raccordées et les citoyens se mirent à se laver à l'extérieur, à divers robinets éparpillés dans leurs villes.

Pour un ancien romain, la propreté signifiait frotter son corps avec de l'huile et de la poussière puis ajouter une couche de sueur après une journée de travail ou de loisir. Après avoir accumulé une quantité suffisante d'huile corporelle, quelqu'un venait le gratter avec un instrument. Il prenait ensuite une série de bains, d'abord tiède, puis chaud, puis froid. Tout cela se produisait en public dans une salle de bain locale, un lieu où il pouvait rester pendant plusieurs heures. Le savon n'était généralement pas impliqué dans une partie quelconque du processus.

Pour les premiers chrétiens, la propreté n'était

pas proche de la piété. En fait, plus vous étiez sale, plus vous étiez supposé être vertueux. La propreté était considérée comme un luxe de pêcheur et les moines comme les religieuses se souciaient davantage de Dieu que de leurs tabernacles terrestres et évitaient de se baigner pour montrer leur dévouement à une vie sainte.

Pour les Européens, dans les siècles qui suivirent la peste noire, la propreté ne signifiait rien d'autre qu'un bain. Durant la peste, certains observateurs remarquèrent que les gens étaient souvent atteints de la maladie après avoir utilisé la salle de bains. Ils avancèrent dès lors la théorie selon laquelle le bain ouvrait les pores et laissait entrer la maladie. Une couche de saleté et d'odeurs était supposées éviter l'infection. Le bain était évité comme la peste, c'est le cas de le dire. Il faudra attendre le 17ème siècle pour que le bain redevienne lentement en vogue.

Même alors, pour un monsieur de la France du XVIIe siècle, la propreté signifiait le changement fréquent de sa chemise de lin. On croyait que le linge avait une puissance spéciale qui tirait la saleté et les impuretés du corps, comme un aimant. Le changement de chemise était perçu comme aussi efficace qu'un bon lavage dans le bain.

Les bains fréquents et la douche ne deviendront populaires qu'à la mi-1800, lorsque la découverte des germes fut couplée avec les progrès de la plomberie et la technologie pour les douches.

Mais ce sont en réalité les fournisseurs de produits d'hygiène qui seront continuellement en pointe sur ce que la propreté signifie vraiment. La publicité devenant plus répandue au début des années 1900, les producteurs de savon, de déodorant et de dentifrice décidèrent de convaincre une nouvelle génération d'Américains qu'ils avaient des problèmes qu'ils ne connaissaient pas. Par exemple, c'est l'équipe de publicité de Listerine, et non les dentistes, qui ont inventé le terme « halitose chronique » pour décrire la mauvaise haleine. Alors que la mauvaise haleine était auparavant considérée comme faisant partie de la vie, elle devint dès lors une maladie dangereuse à guérir et à éradiquer. De même, les fabricants de dentifrice firent la découverte effrayante d'un « film sur les dents », un phénomène qui passait autrefois complètement inaperçu. Le remède était bien sûr le brossage quotidien et religieux des dents. Les annonces publicitaires avertirent les clients potentiels que toute forme d'odeur corporelle pouvait signifier une mort sociale prématurée.

Pourquoi la propreté est-elle une vertu ?

Un concept si changeant et faisant l'objet de publicité est-il vraiment une vertu ? Oui. Alors que les normes de propreté peuvent varier d'une période à l'autre, et d'une culture à l'autre, répondre à la norme de votre temps et de l'endroit où vous vivez est essentiel.

La propreté fait que vous vous sentez bien. Indépendamment du fait de savoir si ce sentiment est inhérent ou créé par le conditionnement social, garder votre corps, vos vêtements et votre maison propres vous fait vous sentir bien. Une douche chaude, votre chemise propre préférée et une maison bien organisée, et vous vous sentez capable de conquérir le monde.

La propreté garde votre esprit clair et votre vie organisée. Si votre maison est en désordre total, votre pensée sera elle aussi désorganisée. C'est le concept du Feng Shui. Il existe un lien naturel entre l'ordre dans votre environnement et votre état d'esprit. Le désordre vous pèse et vous stresse. Un environnement propre et bien organisé élève votre esprit.

La propreté donne une bonne image de vous. La façon dont vous vous présentez dans la vie est primordiale. Si vous, vos vêtements ou votre maison ressemblent à un désordre sans nom, les gens vont inévitablement juger une partie de votre caractère et de votre personnalité sur ce qu'ils voient. Peut-être que c'est injuste, mais c'est ainsi que le monde fonctionne. Lorsque vous présentez un aspect propre et net devant les autres, ils vous respectent et vous estiment.

La propreté conduit à la beauté. Ce qui est ordonné, bien proportionné et symétrique crée la beauté et attire l'œil. Tandis que nous transformons notre vie pour qu'elle soit ordonnée et propre, nous augmentons la quantité de beauté qui s'y trouve.

Trouver l'équilibre dans la propreté

La clef de la propreté, comme de toutes les vertus, est la modération. Ne soyez pas un tyran de la propreté. Ne développez pas une phobie des germes. Il est étonnant de constater combien les entreprises ont mis au point de nouvelles méthodes pour nous permettre de tuer les germes. Nous pouvons maintenant pulvériser l'air pour le débarrasser des particules effrayantes qu'il contient et utiliser sur notre brosse à dents des rayons UV pour la maintenir hyper-hygiénique. Nous voyons régulièrement des programmes télévisés révélant les nombreuses bactéries se cachant sur les téléphones ou dans les toilettes. La plupart de ces tentatives, conçues pour vous faire peur et vous faire consommer davantage de produits hygiéniques, peuvent être ignorées. Nos arrière-grands-parents travaillaient et transpiraient beaucoup plus que nous, et pourtant ils ne se souciaient pas de désinfectant pour les mains, de prendre deux douches par jour, ou de vaporiser du désinfectant sur chaque surface.

En fait, l'obsession malsaine de la société moderne pour la propreté nous rend en réalité plus malade. Notre système immunitaire est comme un muscle. Il doit entrer en contact avec la saleté et les germes afin de pouvoir développer la force dont il a besoin pour lutter contre les maladies qui accompagnent la saleté et les germes. Si votre système immunitaire manque d'expérience dans la rencontre de ces bactéries, quand cela arrivera finalement, les bactéries triompheront.

Rappelez-vous aussi qu'il n'y a rien de mal à sentir l'être humain, à sentir l'homme. Sénèque, orateur et écrivain romain, réprimandaient les amateurs de baignade car ils ne sentaient pas « l'armée, les travaux agricoles et la virilité ». Les fabricants de déodorant tentent de vous vendre l'idée que revêtir votre corps avec un aérosol au parfum artificiel est la meilleure façon d'attirer les dames. Mon expérience personnelle me dit le contraire. Ma femme aime sentir mon odeur naturelle couplée à un peu de parfum. Et elle aime mon odeur d'homme tout court. D'autres femmes m'ont dit la même chose sur les hommes qui partagent leurs vies. Les femmes aiment le parfum naturel d'un homme.

La propreté en pratique

- **Ne vivez pas comme un plouc.** Notre société, vide de toute vraie masculinité, veut nous faire gober l'idée que tous les hommes sont des ploucs. Pourtant, il n'y a rien d'intrinsèquement viril à avoir une vie négligée. Tout le monde, hommes et femmes, possède une tendance naturelle à prendre le chemin de la moindre résistance quand il s'agit de la propreté. La propreté demande du travail. Notre culture a tendance à souvent trouver des excuses aux hommes pour justifier leurs tendances à bâcler. Ne laissez pas d'objets sur le sol, ne laissez pas les plats dans l'évier, ne laissez pas d'encombrement dans votre maison. Vous créerez ainsi non seulement un environnement plus agréable mais vous cesserez aussi de créer du travail supplémentaire pour votre femme.

- **Établissez un programme quotidien de nettoyage.** Le problème de beaucoup d'hommes quand il s'agit de garder une maison propre, c'est qu'ils laissent l'encombrement et la saleté se multiplier jusqu'à ce que le nettoyage semble une tâche insurmontable. Au lieu d'attendre que cela se produise, établissez une routine de nettoyage de 10 minutes et décidez de l'exécuter quotidiennement. Voici le programme que je vous recommande :

  - Lorsque vous sortez de la douche, pulvérisez du spray pour la prévention des moisissures. Cela vous permettra de garder votre douche bien propre et d'augmenter le temps entre les nettoyages plus en profondeur.

  - Gardez des lingettes jetables sur l'évier. Lorsque vous avez fini de vous brosser les dents et de vous raser, essuyez l'évier et le miroir avec une de ces lingettes.

  - Avant d'aller vous coucher, prenez 5 minutes pour ramasser tout ce qui traîne.

- **Ne vous habillez pas comme un plouc.** Cultivez une certaine fierté dans votre apparence. Ne devenez pas un métrosexuel, mais ne soyez pas négligé non plus. Je déjeunais dernièrement à l'extérieur et j'étais stupéfait de l'accoutrement de certains hommes. Certains, plus tous jeunes, étaient en short de basket et chemises sans manches, portant leur casquette de base-ball en arrière. Ne vous méprenez pas. Je ne dis pas que nous devons tous porter une tenue formelle et ne pas s'autoriser un peu de fantaisie mais n'est-il pas dommage de ne plus croiser d'hommes élégants ?

Si votre chemise doit être repassée, repassez-la. Et n'essayez pas de vous convaincre que, en ne le faisant pas, vous aurez une allure de vieux loup de mer. Non, vous ressemblerez simplement à un gars qui n'a pas repassé sa chemise.

N'utilisez pas le linge se trouvant dans votre panière à linge sale ou sur le sol comme s'il sortait de votre placard. S'il est encore propre, remettez-le dans votre commode ou sur un cintre. Si vous mettez un vêtement dans la panière, cela signifie qu'il doit être lavé. Lavez vos affaires régulièrement pour ne pas avoir à fouiller dans vos vêtements sales en vue de trouver quelque chose à porter. Tout ce que vous choisirez dans votre panière sera froissé et sentira mauvais.

- **Toilette de base.** Pour toujours avoir une apparence propre et nette (et pour plaire à la femme de votre vie) voici les bases de l'hygiène auxquelles tout homme devrait adhérer. Vous pensez que ce genre de choses est simplement du bon sens ? Certes, mais je suis constamment surpris par le nombre d'hommes qui semblent ignorer les bases de l'hygiène.

    - **Utilisez régulièrement un coton-tige pour vos oreilles.** Rien ne dégoûte plus ces dames qu'une accumulation de cire orange dans les oreilles.

    - **Coupez toute pilosité excessive dans le nez et les oreilles.** Personne n'a envie de voir de longs poils sortant des orifices de papa. Gardez-les net.

    - **Ayez des sourcils bien séparés.** Inutile pour les hommes de s'épiler les sourcils. Toutefois, soyez vigilant à ce qu'il y ait une séparation bien nette entre chacun.

    - **Coupez vos ongles, sur les mains comme sur les pieds.** Certains hommes laissent leurs ongles pousser, ce qui démontre leur paresse. Rien de mieux pour tuer toute passion que de racler la jambe de votre femme de votre ongle crasseux. D'abord, vous risquez de la blesser et ensuite ce n'est pas sexy. Sauf si vous êtes guitariste, gardez vos ongles bien courts.

- Douchez-vous régulièrement. Vous pensez peut-être que cela n'a pas besoin d'être précisé. Détrompez-vous. Beaucoup de femmes se plaignent de ce que leur conjoint ne se douche pas régulièrement. Je ne dis pas de le faire tous les jours, mais n'attendez pas d'être sale et de puer. Après le sport, un travail physique ou du bricolage, prenez systématiquement une douche.

- Voici maintenant ce que je considère comme **le meilleur conseil en terme d'hygiène : faites attention à votre haleine.** Les hommes sont connus pour avoir mauvaise haleine. Cela écœure tout le monde, les femmes comme vos collègues. Même si vous arrivez à obtenir un rendez-vous avec une femme, cela peut ruiner le premier baiser qui deviendra immédiatement le dernier (si tant est qu'il ait lieu). Beaucoup d'hommes tentent de remédier à ce problème en se brossant les dents, en utilisant du fil dentaire ou des pastilles à la menthe. Tout ceci est très bien et même nécessaire mais le meilleur moyen de nettoyer et de purifier votre bouche reste le grattoir à langue ou à défaut, une cuillère !

En règle générale, la mauvaise haleine n'est pas causée par la nourriture, mais provient de l'arrière de votre langue. Là, les bactéries, les particules de nourriture en décomposition, et même des résidus de vos cavités nasales, se multiplient et émettent une odeur fétide. Se brosser les dents ne suffit pas à s'en débarrasser. Même le brossage de la langue avec la brosse ne suffit pas. Les chewing-gum et les pastilles mentholées ne la retirent pas non plus. Votre langue est comme un tapis où les germes se cachent dans les recoins. Il faut vous racler la langue pour les ôter. Une bouche nettoyée au grattoir à langue est remarquablement propre, et les résultats sont instantanés. Vous pouvez sentir la différence juste après vous être gratté.

Si l'idée de vous réveillez auprès de votre belle avec une haleine fétide vous effraie, grattez-vous la langue avant de vous coucher. Cela améliorera considérablement votre haleine au saut du lit, sans que vous n'ayez besoin de vérifier en soufflant au dos de votre main.

11. La tranquillité

Ne vous laissez pas abattre par des bagatelles, ou par les accidents ordinaires et inévitables de la vie.

Chaque jour, nous rencontrons mille petits ennuis. Un imbécile nous fait une queue de poisson sur le chemin du travail, nous crevons un pneu, quelqu'un a pris notre déjeuner dans le frigo, etc. Ces incidents, petits en apparence, ont tendance à nous irriter et, en s'accumulant, à nous gâcher la vie. Nous nous surprenons un jour à nous énerver ou même à exploser devant les problèmes les plus insignifiants. Nous sommes tout le temps en colère.

Dans la société occidentale, la colère est parfois associée à la ténacité et à la virilité. Nous applaudissons secrètement le type qui s'énerve contre l'abruti qui lui cherche des noises. Mais la colère est souvent une simple couverture pour masquer l'instabilité et la faiblesse. Elle est souvent le propre de celui qui n'a pas d'autres recours pour résoudre ses problèmes. La vraie virilité consiste à être aussi calme et imperturbable que possible, quelle que soit la situation.

Beaucoup d'hommes utilisent deux méthodes, tout aussi nuisibles l'une que l'autre, pour faire face à leur colère. Certains donnent libre cours à leur colère. Cela ne fait qu'augmenter la colère et peut avoir des conséquences négatives, pour celui qui l'exprime comme pour son entourage. D'autres essaient de la refréner et de la cacher tout au fond d'eux. Cette colère enfouie ravage leur monde intérieur et les transforme en hommes amers et cyniques.

Pourquoi chercher la tranquillité ?

La colère est l'une des principales pulsions primaires que vous devez apprendre à maîtriser. Cela vous donne la force de régner sur vos autres pulsions. Cela vous aide également à prendre des décisions rationnelles.Quand vous êtes en colère, vous ne pensez pas clairement. Vous prenez des décisions impulsives que vous regrettez plus tard.

Il ne faut pas bannir toute forme de colère, car elle peut être utile. Quand vous apprenez à maîtriser votre colère, vous pouvez commencer à l'utiliser comme un outil. Une colère juste, correctement canalisée et employée, peut conduire un homme à combattre des torts personnels, sociétaux et mondiaux. Mais face à des bagatelles et des accidents communs ou inévitables, la vertu de la tranquillité doit prévaloir.

La colère fréquente est mauvaise pour votre santé. Vous pensez peut-être que la colère est simplement une émotion, mais elle affecte votre corps physique autant que votre esprit. Peu importe ce qui déclenche votre colère, que ce soit quelque chose de vraiment menaçant comme un ivrogne qui vous bouscule, ou quelque chose d'insignifiant comme une erreur sur votre facture de téléphone, votre système nerveux réagit de la même manière :

- Les niveaux d'hormones, comme le cortisol, augmentent.
- Votre respiration devient plus rapide.
- Votre pouls devient plus rapide.
- Votre tension artérielle augmente.
- Comme vous vous énervez, vous commencez à transpirer.
- Vos pupilles se dilatent.
- Vous pouvez noter des maux de tête soudains.

Dans les temps préhistoriques, cette réaction de « combat ou fuite » était extrêmement utile. Elle vous maintenait en hyper-alerte afin d'être prêt à prendre les mesures adéquates, qu'il s'agisse de vous mettre en garde ou de prendre vos jambes à votre cou. De nos jours, votre corps devient tout excité mais n'a plus de voie de sortie dans laquelle canaliser cette énergie.

Le déclenchement fréquent d'hormones de colère cause du tort à votre cœur. Des études ont révélé que les hommes qui ont une pression artérielle normale mais des niveaux élevés de colère sont plus susceptibles de développer une maladie coronarienne ou une crise cardiaque. Les hommes qui perdent le plus leur humeur sont trois fois plus susceptibles d'avoir une crise cardiaque que les moins colériques. Les jeunes hommes, même sans antécédents familiaux de maladie cardiaque, qui réagissent rapidement au stress par la colère, ont trois fois plus de risque de développer une maladie cardiaque prématurée que la normale, et sont cinq fois plus susceptibles d'avoir une crise cardiaque précocement que leurs pairs plus tranquilles. Les hommes colériques sont également plus sujets à la dépression et à d'autres comportements négatifs.

La colère fait du mal à ceux qui vous entourent. Si vous voulez que les autres vous respectent et vous fassent confiance, vous devez apprendre à contrôler votre humeur. Si vous éclatez à chaque petite chose, vos collègues de travail, vos amis et votre famille commenceront à se méfier et à faire attention quand ils sont près de vous. Ils auront constamment peur de déclencher votre colère et ne se sentiront pas en sécurité en votre présence. Le mal que votre colère peut causer est bien illustré par l'histoire suivante :

UN SAC DE CLOUS

Il était une fois un petit garçon de mauvaise humeur. Un jour, son père lui donna un sac de clous et lui dit que chaque fois qu'il se mettait en colère, il devait prendre un marteau et enfoncer un clou dans la clôture. Le premier jour, le garçon mit 37 clous dans la clôture. Mais peu à peu, le nombre de clous quotidiens diminua. Il découvrit qu'il lui était plus facile de contrôler son humeur que d'enfoncer des clous dans la clôture.

Finalement, le jour arriva où le garçon ne se mit pas en colère du tout. Il le dit fièrement à son père et celui-ci suggéra que le garçon ôte maintenant un clou chaque jour où il était capable de contrôler son humeur. Les jours passèrent et le jeune garçon put finalement dire à son père que tous les clous avaient disparu. Le père prit son fils par la main et le conduisit à la clôture.

« Tu as bien travaillé, mon fils, mais regarde les trous dans la clôture. La clôture ne sera jamais la même. Quand tu dis des choses sous le coup de la colère, elles laissent des marques comme celle-ci. Tu peux planter un couteau dans un

homme et l'extraire, peu importe combien de fois tu lui diras « je suis désolé », la blessure sera toujours là ».

Maîtrisez votre colère et cultivez la tranquillité

Certains « gourous » en gestion de la colère recommandent que, quand vous la sentez monter en vous, vous comptiez jusqu'à 100 ou preniez des respirations profondes avant de réagir. Je ne pense pas que ces méthodes soient efficaces. Une fois que la colère a pris le pas sur vous, il n'y a souvent plus moyen d'aller vous asseoir et de vous tourner les pouces avant d'agir. Au lieu de cela, entraînez votre esprit à faire face à la colère *avant* de vous y trouver confronté. Vous devez changer votre état d'esprit, de telle sorte que quand les irritations vous assaillent, vous soyez prêt à les regarder calmement.

Changez votre perspective sur la vie. Bien que vous n'en soyez pas conscient, la raison pour laquelle vous vous mettez en colère contre les petits soucis de la vie est que vous croyez que la vie est censée se dérouler sans heurts. Par conséquent, lorsque les choses ne vont pas comme vous le voudriez, vous ressentez cela comme une déviance irritante par rapport à *vos* normes. Vous devez accepter dans votre esprit le fait que la vie est par essence frustrante et chaotique. C'est quand tout se déroule comme prévu et sans accroc qu'il y a déviance. Cessez d'avoir des attentes irréalistes concernant la vie et vous verrez qu'il vous sera beaucoup plus facile de gérer les « coups » du sort.

Changez votre point de vue sur vous-même. Certains prétendent que la racine de la colère est la peur. Je crois pour ma part que le cœur de la colère est l'égoïsme. Les hommes les plus angoissés non seulement croient que la vie devrait se dérouler sans à-coup (pour eux), mais de plus ils *exigent* qu'il en soit ainsi. Les hommes colériques se sentent moralement supérieurs aux autres et croient donc que chacun devrait toujours les accepter, les respecter et les apprécier, toujours à la recherche de leurs désirs. Lorsque cela ne se produit pas, ce genre d'homme est blessé et canalise cette déception dans la colère. L'homme en colère croit qu'il est acceptable et normal pour les autres de souffrir des indignités de la vie, mais pas pour lui. Pour soulager votre colère, vous devez descendre de votre piédestal.

Changez votre perspective sur les autres. Lorsque vous salissez quelqu'un ou le traitez mal, vous vous sentez souvent mal vous-même et essayez de trouver une raison à votre comportement. Vous vous dites des choses du genre « C'est vrai que je n'aurais pas dû crier comme ça mais je n'ai pas beaucoup dormi ces derniers temps, je ne me sens vraiment pas bien » ou « Je n'aurais pas dû critiquer ce gars, mais il me *faut* cette nomination sinon je risque de perdre le poste ». Quand ce sont les autres qui agissent ainsi envers nous, nous bouillonnons de colère, nous ne pensons jamais qu'ils ont pu faire ces choses pour les mêmes raisons que nous les avons faites. Les gens font des erreurs tout comme vous. Donnez aux autres la même clémence que l'on vous accorde. Les gens ne sont pas là pour vous faire du tort. Ils ont peut-être eu une mauvaise journée ou ils n'ont pas été bien élevés. Arrêtez de le prendre personnellement.

Tuez votre colère par la logique

La colère, même justifiée, devient souvent très irrationnelle. Par conséquent, l'antidote à la colère est la logique. Vous devez former votre esprit à penser rationnellement concernant ce qui vous arrivent afin de choisir la bonne réaction.

Soyez conscient de votre colère et de ce qui la cause. La colère aveugle souvent nos esprits quant à la racine réelle de ce qui nous dérange. Nous nous en prenons souvent à la cible la plus proche ou à un soi-disant événement déclencheur, alors que la cause sous-jacente de la colère est plus profonde ou se trouve ailleurs. Vous devez développer la force de regarder votre colère en face et de sonder à l'intérieur. Une fois que vous pouvez rationnellement examiner votre colère, vous pouvez trouver la cause de la racine et la comprendre. Une partie de ce qui nous rend tellement en colère vient du fait que nous ne comprenons pas ce qui se passe. Regardez quand un avion est retardé. Quand aucune raison n'est donnée pour ce retard, les gens sont plus en colère que si une raison légitime leur est fournie. Comprendre les raisons de votre colère vous aidera à la désamorcer. Vous pourrez alors rationnellement, mais assurément, rectifier la situation.

Soyez prêt à admettre que vous êtes la cause de votre colère. La raison pour laquelle le trafic routier vous met tellement en colère, c'est que vous avez quitté votre domicile 10 minutes trop tard. La raison pour laquelle cela vous rend fou que votre épouse vous harcèle continuellement au sujet la pelouse qui a besoin d'être tondue, c'est que vous ne l'avez toujours pas fait.

Apprenez à vous poser cette question : est-ce quelque chose que je peux changer

ou quelque chose que je ne peux pas changer ? Si la situation ou la personne qui vous met en colère est quelque chose que vous pouvez changer, alors il n'y a aucune raison d'être en colère. Canalisez votre énergie en élaborant un plan pour résoudre le problème. Si la situation ou la personne est quelque chose que vous ne pouvez pas changer, encore une fois, il n'y a aucune raison d'être en colère. Il n'y a rien que vous puissiez faire à ce sujet, il n'y a donc aucune raison de vous mettre dans tous vos états. Les hommes sont naturellement programmés pour résoudre les problèmes. Nous voulons trouver une solution pour tout. Mais la virilité signifie aussi apprendre à accepter ce que nous ne pouvons pas changer, et à trouver la paix avec cela.

12. La chasteté

Livrez-vous rarement aux plaisirs de l'amour, n'en usez que pour votre santé, ou pour avoir des descendants, jamais au point de vous abrutir ou de perdre vos forces, et jusqu'à nuire au repos et à la réputation de vous ou des autres.

*

Note : Avant de commencer ce chapitre, permettez-moi de répondre par avance à quelques objections du genre « Benjamin Franklin n'était pas chaste ! Il était un coureur de jupons ! » En vérité, cette croyance populaire est grandement exagérée.

De plus, comme je l'ai mentionné à plusieurs reprises, Franklin a ouvertement admis qu'il ne vivait pas les vertus parfaitement. Mais il se sentait bien meilleur pour avoir au moins essayé de le faire. Vivre la vie vertueuse ne signifie pas atteindre la perfection, mais s'efforcer de s'améliorer.

*

Ah ! La chasteté ! Un mot qui peut faire rougir les adolescents et les hommes bien élevés. Un mot qui évoque des images de ceintures médiévales, de gages d'amour vrai et éternel et de prêcheurs. Beaucoup pensent que le concept de chasteté n'a pas sa place dans une société moderne et éclairée. En effet, à bien des égards, la vertu de la chasteté est la plus difficile à décrire. Contrairement aux autres vertus, il est difficile de définir la chasteté hors de tout contexte religieux. Pourtant, si la définition précise de la chasteté varie d'un homme à un autre, il y a des aspects de cette vertu que tous les hommes, quel que soit leur système de croyance, devraient aspirer à vivre.

Dans la société sexualisée d'aujourd'hui, la promotion de la chasteté est vue comme prude et démodée. Aux yeux de beaucoup, la promotion de la chasteté dans un livre destiné aux hommes sera considérée comme presque contradictoire. La virilité, n'est-ce pas faire la liste des femmes que vous avez conquis ? Je propose que la sexualité masculine concerne moins le nombre de femmes qu'un homme met dans son lit que la sexualité dans des relations significatives.

Le sexe en tant que bien de consommation

Le sexe, semble-t-il, est partout. Il apparaît dans tous les coins et recoins de notre vie quotidienne. Nous voyons le sexe à la télévision, dans nos magazines et sur nos ordinateurs. Il est utilisé pour tout vendre, du shampoing aux jeans. Autrefois considéré comme un mystère sacré, il est devenu aujourd'hui un simple produit de consommation qui peut être acheté ou vendu. Bien sûr, les humains vendent du sexe depuis le début de l'histoire (ce n'est pas pour rien qu'on dit que la prostitution est le plus vieux métier du monde). Ce qui est différent maintenant, c'est que l'idée même du sexe a été commercialisée et dégradée au cours de ce processus.

Aujourd'hui, les gens voient le sexe comme un gadget qu'on peut acheter. L'accent est mis sur LEUR satisfaction et LEUR plaisir. Un homme fantasme ainsi sur son prochain « achat ». Après qu'il ait eût le plaisir qu'il cherchait, il repart en quête jusqu'à ce qu'il trouve une nouvelle personne qui puisse satisfaire son envie. Quand il est fatigué de cette nouvelle femme ou qu'il voit un meilleur « modèle », il échange la première contre la seconde, et ainsi de suite. Le problème est que les gens ne sont pas des choses. Ils ont des espoirs, des rêves, des sentiments et des aspirations, tout comme vous.

Le problème du sexe occasionnel

Sur les campus universitaires, le sexe occasionnel a remplacé les rendez-vous galants.

Les jeunes hommes proposent rarement aux filles des rendez-vous réels : des sorties qu'ils ont planifiées à l'avance et qui ne concernent qu'eux seuls. Et ils demandent encore moins souvent à ces filles d'être leurs petites amies et d'entrer dans des relations monogames. Au lieu de cela, ils se retrouvent dans des bars ou des clubs. Chacun essaie chacune et inversement. Le collège est considéré comme la période idéale pour tout expérimenter avant de « se caser » avec la bonne personne, une perspective éloignée dans le temps.

Tandis que beaucoup (peut-être la plupart) des hommes voient tout ceci comme un amusement inoffensif, la réalité est qu'il y a des conséquences négatives à ces rencontres sexuelles sans lendemain. En vérité, le « sexe occasionnel » est un oxymoron ; une telle chose n'existe pas.

Alors que pour certains hommes, le sexe est juste une activité récréative comme aller à un match de football, en réalité il est une partie puissante de l'expérience humaine. Que vous soyez religieux ou non, il est faux de détacher le sexe de toute sorte de sacralité. La raison pour laquelle le sexe est si fantastique est liée à la perpétuation biologique. Après avoir tué des mammouths et déterré des racines toute la journée, la race humaine avait besoin de ce stimulant pour surmonter la fatigue, se désinhiber et perpétuer la race humaine. Le sexe n'est pas seulement érotique, c'est la façon dont la vie humaine est créée. Indépendamment de ce que vous croyez sur les origines de la race humaine, la création de la vie est imprégnée de pouvoir et de mystère. Que vous le vouliez ou non, le sexe constitue une union entre vous et la femme avec qui vous êtes. C'est l'union de deux corps ensemble. De puissantes hormones et sentiments sont libérés quand vous avez des rapports sexuels. L'évolution a mis en place ces sentiments dans l'intention de rassembler deux personnes pour prendre soin d'une nouvelle vie humaine. Il est ridicule de s'unir avec une femme et de changer de partenaire comme vous changez de chemise.

Même si vous n'utilisez pas le mot « sacré » avec « sexe », il devrait au moins être considéré comme « spécial ». Le garder spécial signifie placer quelques limites. L'étendue de ces limites variera d'un homme à l'autre. Mais il y a de bonnes raisons pour ne pas les étendre outre-mesure :

- **Le sexe à bas prix ne vaut rien.** Le sexe est peut-être la chose qui vous rend le plus vulnérable. Vous êtes totalement nu, inquiet de votre performance, et pour le dire crûment, vous allez coller une partie de votre corps dans une autre personne. Le bon sexe implique donc beaucoup de confiance. Une confiance née de l'amour et de l'intimité réelles. Le genre d'intimité née de conversations tardives, de dîners, de combats et de réconciliations. Si vous avez des rapports sexuels avec quelqu'un que vous n'aimez pas, vous les utilisez simplement comme outil pour votre plaisir. Vous pourriez aussi bien le faire avec une poupée gonflable. Plus vous êtes amoureux de quelqu'un, plus le sexe est fantastique. Plus le sexe devient banal, moins il sera spectaculaire. C'est ce à quoi Benjamin Franklin fait allusion.

- **Le manque de respect des femmes occasionnelles.** Même si vous pouvez trouver votre bonheur dans des coups d'une nuit, que vous êtes libre et sans attaches, cela ne signifie pas que votre partenaire ressent les choses de la même manière. Même si vous êtes avec elle uniquement pour passer un bon moment, la femme avec qui vous avez une relation peut développer des sentiments pour vous. Je sais qu'il y a des femmes qui n'ont pas de problème avec les aventures. Mais je sais aussi qu'il y a encore plus de femmes qui veulent croire que ça ne leur pose pas de problèmes mais qui se sentent blessées par la suite. J'ai connu beaucoup de femmes au lycée qui avaient des aventures un peu au hasard avec des garçons qui ne les rappelaient pas, et je les retrouvais quelques temps après qui souffraient de crises de dépression et d'angoisse. Elles n'ont peut-être jamais fait le lien, mais je n'ai aucun doute qu'il y en avait un. Et oui, cela est aussi valable pour les hommes. Vous pouvez coucher avec une fille qui veut juste vous faire marcher et vous retrouver avec le cœur en miettes quand vous réalisez qu'elle s'est joué de vous. Attendez jusqu'à ce que votre relation soit bien engagée avant d'être intime.

- **Le sexe occasionnel ne vous prépare pas pour le sexe dans une vraie relation.** Ceux qui encouragent les hommes à avoir des partenaires sexuels multiples font valoir que si vous n'avez des relations sexuelles qu'avec quelques-unes, ou même une seule femme, vous ne saurez pas ce que vous aimez réellement et comment trouver le bon partenaire, qui vous plaira et avec qui vous aurez finalement envie de vous installer. Dans un documentaire récent sur le sexe, Woody Allen comparait cela au fait d'obtenir votre permis sans avoir appris à conduire. Le sexe occasionnel est une mauvaise préparation à la monogamie. Le sexe sain exige une bonne communication et la volonté de savoir parfois retarder votre plaisir pour le bénéfice de votre partenaire. Mais le sexe occasionnel implique peu de communication et peu d'incitation à maximiser le plaisir de votre partenaire. Bien sûr, vous voulez lui faire passer un bon moment. Mais vous êtes surtout concentré sur vous-même, et puisque vous ne reverrez jamais cette femme, qui s'en soucie ?

Cela est en lien avec l'argument des gens pour ne pas réserver le sexe pour après le mariage. Je sais que cette définition de la chasteté n'est pas embrassée par beaucoup d'hommes. Mais on reproche souvent à ceux qui le font d'avoir choisi un partenaire de vie sans savoir s'ils étaient sexuellement compatibles. Je pense que cet argument est totalement absurde. Bien qu'il soit logique en théorie, comment peut-il fonctionner en pratique ? Est-ce que cela signifie que si un homme est totalement amoureux d'une femme, qu'ils ont des rapports sexuels et que cela est gauche et pas terrible, il lui bottera les fesses, la jettera dehors et mettra un terme à la relation ? Honnêtement, je n'ai jamais vu une telle chose arriver. Mais voilà une bien meilleure idée : que diriez-vous si deux personnes en apparence sexuellement incompatibles travaillaient leur communication, ou même allaient suivre une thérapie ensemble ? C'est quand même mieux, non ?

En outre, comme un ami aime à le dire : « Le sexe, c'est comme la crème glacée. Plus vous avez goûté de parfums, plus il est difficile de se contenter d'un seul pour le reste de votre vie ».

13. L'humilité

Imitez Jésus et Socrate.

Dans l'imagerie populaire, la virilité est souvent associée à un homme arrogant, un rebelle qui trace son propre chemin, plein de confiance et prêt à conquérir le monde. L'humilité ne semble pas correspondre à cette image. L'humilité évoque généralement la faiblesse, la soumission et la peur. Mais c'est une fausse idée de l'humilité. La vraie humilité est un signe de force, de confiance authentique et de courage. C'est la marque d'un vrai homme.

L'hubris d'Achille

Les anciens Grecs ont beaucoup écrit sur l'importance de l'humilité. Un thème récurrent dans leur littérature concerne les effets honteux, souvent mortels de l'orgueil – une fierté excessive et arrogante. Pour les Grecs, l'hubris désigne le fait de vous croire sage quand vous ne l'êtes pas. L'histoire de l'Iliade d'Homère rappelle l'importance de l'humilité chez l'homme.

Tout au long de l'Iliade, nous trouvons le jeune Achille, l'invincible soldat grec, assis dans sa tente et faisant la moue parce que le roi Agamemnon a pris son esclave de femme. Tout au long du roman, les compatriotes d'Achille meurent sous les coups des Troyens. Même quand Agamemnon s'excuse et rend la femme d'Achille dans l'espoir qu'il commence à se battre, Achille continue d'agir comme une petite lopette et refuse de le faire. En fait, il commence même à faire ses valises pour rentrer en Grèce. Il démontre un manque total d'humilité. Alors que ses camarades périssent, il cherche à sauver sa propre peau à cause d'un sentiment d'auto-importance et d'orgueil arrogant.

Cette fierté a pour résultat que le grand troyen, Hector, tue l'ami d'Achille. C'est seulement alors, après qu'il soit trop tard, qu'Achille décide de se battre. Même là, ce n'est pas pour son pays. Il est motivé par le désir de vengeance. Après qu'Achille ait tué Hector dans la bataille, par un acte de déshonneur complet, Achille attache le corps d'Hector à un char et le traîne autour des murs de Troie pendant neuf jours.

Alors que beaucoup pensent aujourd'hui à Achille comme un héros, pour les anciens Grecs, il incarnait la conséquence honteuse de l'hubris. Bien qu'ils aient admiré sa capacité de combat légendaire, la vraie leçon qu'ils ont tirée de son histoire était la nécessité d'être humble.

Qu'est-ce que l'humilité ?

La définition de l'humilité ne doit pas inclure la timidité ou la gêne. L'humilité demande simplement qu'un homme sache évaluer correctement ses capacités et ses actions, qu'il ne se voit pas plus grand ni plus petit que ce qu'il est réellement. L'humilité réelle exige donc qu'un homme se connaisse et soit complètement honnête avec lui-même, qu'il évalue honnêtement ce qu'il est et ce qui est, quels sont les talents et dons qu'il possède, ses forces et ses faiblesses.

L'humilité est l'absence de fierté. On nous apprend à penser que la fierté est une bonne chose. Mais la fierté ne fonctionne que lorsqu'on se compare aux autres. Ne basez pas votre estime de vous sur de tels critères. Concentrez-vous plutôt sur vous-même et voyez comment vous pouvez vous améliorer. C.S. Lewis a dit ce qui suit sur la fierté :

Le fait est que la fierté de chacun est en concurrence avec la fierté de tout le monde. C'est parce que je veux être la star de la fête que je suis tellement ennuyé que quelqu'un d'autre le soit. Fin contre fin n'est bon à faire doublure. Maintenant, ce que vous devez comprendre, c'est que la fierté est essentiellement compétitive - est compétitive par sa nature même - alors que les autres vices sont concurrentiels, pour ainsi dire, par accident. La fierté ne retire aucun plaisir du fait d'avoir quelque chose, seulement d'avoir plus que l'autre. Nous disons que les gens sont fiers d'être riches, ou intelligents, ou beau, mais ils ne le sont pas. Ils sont fiers d'être plus riches, plus intelligents ou plus beaux que d'autres. Si tout le monde devenait également riche, intelligent ou beau, il n'y aurait aucune raison d'être fier. C'est la comparaison qui vous rend fier : le plaisir d'être au-dessus des autres. Une fois que le concurrent s'en va, la fierté s'en va aussi.

Ce que n'est pas l'humilité

Dans leur quête pour être humbles, les gens confondent souvent l'humilité avec la fausse modestie. Je pense que nous avons tous été coupable de cela à un moment ou un autre. Lorsque nous sommes reconnus pour un grand accomplissement, nous agissons comme si ce que nous avons fait n'était pas vraiment important. Par exemple, nous passons de nombreuses heures à préparer méticuleusement une excellente présentation pour le travail, et quand les gens nous félicitent, nous disons : « Oh, c'est juste quelque chose que j'ai fait comme ça ». Nous avons tendance à dévaluer ce que nous avons fait sous prétexte d'humilité. En fait, les gens utilisent souvent la fausse modestie dans le but de recevoir plus de louange et d'adulation de la part des autres. Vous voulez que les gens pensent « Wow, il a dit qu'il avait fait ça juste comme ça ! Imaginez ce qu'il pourrait faire s'il avait passé des heures à travailler dessus ! » Quand vous faites quelque chose de bien, ne le criez pas sur les toits mais reconnaissez honnêtement ce que vous avez accompli.

Comment pratiquer l'humilité

- **Donnez du crédit là où le crédit est dû.** L'homme fier prendra autant de crédit que possible en cas de succès. L'homme humble cherche à faire retomber ce succès sur toutes les personnes et les événements favorables qui se sont réunis pour l'atteindre. Aucun homme ne réussit tout seul. Les talents innés, un membre de la famille, un ami, un enseignant, un entraîneur et la chance contribuent toujours quelque part au résultat final.

- **Ne fanfaronnez pas.** Avez-vous déjà eu une conversation avec un gars qui se croit obligé de vous raconter qu'il a fait deux fois le tour du monde, a obtenu son diplôme avec mention, dîne souvent dans de grands restaurants ou connaît un auteur célèbre, sans qu'on lui ait rien demandé ni que cela ait un quelconque rapport avec la conversation ? Ces personnes sont parfaitement ennuyeuses et veulent juste que chacun sache combien elles sont intéressantes. Leur sens exagéré de l'importance d'elles-mêmes les amène à exiger toute l'attention possible. Ces hommes sont en réalité peu sûrs d'eux-même. Ils pensent qu'ils ne peuvent pas obtenir l'intérêt des autres sans étaler d'abord tous leurs succès. Un homme humble n'a pas besoin d'agir ainsi. Il sait que les autres ont des histoires tout aussi importantes et intéressantes à partager, et il partage les siennes quand vient son tour.

- **Faites ce que vous avez à faire, mais n'en faites pas toute une histoire.** La génération de mes grands-parents avait compris l'idée d'accomplir son devoir. Dans son livre, The Greatest Generation, Tom Brokaw fait cette observation :

La génération de la Seconde Guerre mondiale a fait ce qu'on attendait d'eux. Mais ils n'en ont jamais parlé. Cela faisait partie du Code. Il n'y a pas de métaphore plus révélatrice qu'un gars dans un match de football qui fait ce qu'on attend de lui - faire un tacle en plein air - puis se lève et reprend sa place. Quand Jerry Kramer a lancé le bloc qui a remporté le Ice Bowl en 67, il s'est juste levé et a quitté le terrain.

Pourquoi ne prenons-nous pas exemple sur nos grands-parents ? Faites quelque chose parce que vous êtes censé le faire, ayez un peu d'humilité, et taisez-vous.

- **Rendez service et donnez la charité anonymement.** Les hommes fiers veulent que tout le monde sache quand ils font un acte de bienfaisance. Ils révèlent la somme d'argent qu'ils ont donné pour une cause au cours de la conversation, ils affichent des photos de leurs bonnes actions sur Facebook et ils ne manquent jamais une chance de rappeler à quelqu'un à quel point ils ont été généreux envers lui. Ils rendent évidemment des services pour la mauvaise raison : pour nourrir leur ego et se faire applaudir du plus grand nombre. La véritable charité n'est pas quelque chose que l'on fait pour soi et se fait uniquement pour le bénéfice des autres. La prochaine fois que vous ferez quelque chose de généreux, essayez de le garder complètement pour vous. Cela mettra votre humilité à l'épreuve.

- **Arrêtez de surenchérir sur les autres.** Peu de choses sont plus ennuyeuses qu'un homme qui surenchérit constamment sur ce que vous dites durant une conversation. Vous dites : « Une fois, je suis allé à un concert des Rolling Stones. » Il dit : « Eh bien moi une fois, je suis passé par les coulisses à un concert des Rolling Stones.» Quoi qu'on lui dise, ce type-là a fait mieux. Résistez à l'envie de prendre part à ces concours d'ego. Si vous discutez avec une personne qui veut s'engager dans ce genre de chose, soyez plus intelligent et laissez-lui son moment de gloire. Les gens parleront peut-être des histoires passionnantes de ce type le lendemain, mais ils se souviendront surtout du gentleman que vous êtes, même des années plus tard.

Conclusion : Appliquer la poursuite de la « vie vertueuse » à votre propre vie

Mon but à travers cet ouvrage est de ressusciter l'idée qu'être viril signifie être vertueux, et je pense que ce bon vieux Benjamin pour nous enseigner une chose ou deux en ce sens.

Afin de vous aider à vivre une vie vertueuse, nous allons nous concentrer successivement sur chacune des vertus de Benjamin Franklin, une semaine à chaque fois, tout comme il le faisait. Pour illustrer chaque vertu, nous irons piocher dans l'histoire à la recherche d'un grand homme qui en soit l'exemple et nous tenterons d'en dégager une leçon pratique afin de vivre nous-même pleinement cette vertu.

En attendant, pourquoi ne pas commencer par vous confectionner des feuilles sur le modèle du tableau de suivi des vertus de Franklin ?

				SOBRIÉTÉ.			
				Ne mangez pas jusqu'à être appesanti ; ne buvez pas jusqu'à ce que votre tête soit affectée.			
	DIM.	LUN.	MAR.	MER.	JEU.	VEN.	SAM.
Sobriété. . .							
Silence. . . .							
Ordre.							
Résolution. .							
Économie. .							
Application.							
Sincérité. . .							
Justice. . . .							
Modération.							
Propreté. . .							
Tranquillité.							
Chasteté. . .							
Humilité. . .							

Page journalière consacrée à la sobriété

Voyez si vous pouvez passer un seul jour sans faire de marque. Si vous voulez garder ce tableau prêt de vous, achetez un petit carnet de type Moleskine et insérez ou collez cette feuille dedans. Ainsi, vous l'aurez toujours sur vous ainsi que le faisait Benjamin Franklin, comme un rappel constant dans votre quête d'une vie plus vertueuse.

www.ingramcontent.com/pod-product-compliance
Lightning Source LLC
Chambersburg PA
CBHW050455290526
45786CB00006B/2302